TOBIAS ORTHLER

INTERNET
FÜR MUSIKER

D1927290

Voggenreiter

Alle Angaben in diesem Buch wurden mit größter Sorgfalt erarbeitet bzw. zusammengestellt. Trotzdem sind Fehler nicht ganz auszuschließen. Der Voggenreiter Verlag weist darauf hin, dass keine Haftung für Folgen, die auf fehlerhafte Angaben zurückgehen, übernommen werden kann.

Wir weisen darauf hin, dass die im Buch verwendeten Soft- und Hardwarebezeichnungen und Markennamen der jeweiligen Firmen warenzeichen-, marken- oder patentrechtlichem Schutz unterliegen.

Umschlaggrafik: OZ, Essen (Christian und Katrin Brackmann)
Satz und Layout: B & O

Viktoriastraße 25, D-53173 Bonn
www.voggenreiter.de
info@voggenreiter.de

ISBN: 3-8024-0392-4

01

Vorwort

Wahrscheinlich wird keine andere Entwicklung des 20. Jahrhunderts die Welt des Menschen stärker verändern als das **Internet**. Dieses faszinierende Medium hat innerhalb weniger Jahre einen Siegeszug rund um den Erdball angetreten, der wohl selbst seine geistigen Väter überrascht hat. Wurden noch vor weniger als 20 Jahren die ersten Befürworter eines weltweiten Computerverbundes als **Verrückte** belächelt, gebührt ihnen heute in der Morgendämmerung eines neuen Jahrtausends der Status von **Visionären**.

Auch die optimistischsten Prognosen über die zu erwartende Ausbreitung und Akzeptanz des **WWW** (**W**orld**W**ide**W**eb; weltweites Netz) blieben weit hinter den tatsächlichen Ereignissen zurück. Bereits heute wird von Millionen Menschen in aller Welt im Internet gehandelt, diskutiert, Recherche für vielfältigste Projekte betrieben usw. – die Zukunft hat begonnen und sie findet im Internet statt!

Während Sie diese Zeilen lesen, kommen weltweit mehrere tausend neue Internet-Anschlüsse zu den bereits bestehenden Millionen hinzu – von Sri Lanka bis zu den Vereinigten Staaten, von Nepal bis nach Belgien. Im Vergleich zum exponentiell wachsenden Internet verbreiteten Fernsehen, Radio oder Telefon sich in einer beinahe geruhsamen Geschwindigkeit. Die Online-Gemeinde ist bereits sehr groß und wächst mit rasender Geschwindigkeit.

Der Wunschtraum grenzenloser und schneller Kommunikation und des weltweiten Gedanken- und Informationsaustausches scheint in greifbare Nähe gerückt. Niemals zuvor war unsere Welt so klein und niemals zuvor war die Kommunikation zwischen Menschen so frei von Einschränkungen durch Entfernung, Hautfarbe, Religionszugehörigkeit, politische Einstellung, Grenzen oder Gesetze; um nur einige zu nennen.

Gerade für den Musiker in seiner Eigenschaft als mit seinem Publikum kommunizierender Künstler hält das Internet vielfältige und in dieser Form mit anderen Medien nicht vergleichbare Möglichkeiten bereit:

- Auftritte der eigenen Band können mit geringem Aufwand in die entferntesten Winkel der Erde übertragen werden,

- Musik, Musikinstrumente, Noten und Software können schnell und vom eigenen Wohnzimmer aus getauscht, verkauft, vertrieben oder verschenkt werden,

- Probleme und Meinungen können weltweit diskutiert werden,

- Informationen können mit anderen Musikern ausgetauscht werden,

und vieles mehr ...

Revolutionär ist auch der Gedanke, dass sich im Internet der Künstler ohne Mittler (Label, Konzertveranstalter, Manager etc.) seinem Publikum vorstellt; welches allein über seine Akzeptanz entscheidet.

Dieses Buch wendet sich an Musiker, welche die Möglichkeiten dieses faszinierenden neuen Mediums erforschen wollen. Hierbei sollen besonders diejenigen angesprochen werden, die keine Fachleute sind und nicht jeden Tag mehrere Stunden am Computer arbeiten.

Zielsetzung ist, auch komplexere Themen möglichst einfach und verständlich abzuhandeln. Dieser klaren Darstellung musste sich die erschöpfende Erklärung der Sachverhalte unterordnen. Ebenso war es aufgrund der Themenfülle unmöglich, jedes denkbare Thema anzusprechen, auch viele Details und fortgeschrittenere Themen mussten platzbedingt unbehandelt bleiben.

Tobias Orthler

Inhalt

1 Was ist das Internet?

1. Was ist das Internet?

Der Begriff Internet setzt sich aus den Worten interconnected (engl.: verbunden) und networks (engl.: Netzwerk, hier ist ein aus Computern bestehendes Netzwerk gemeint) zusammen, er bezeichnet also eine „Vernetzung von Computernetzen". Das Internet besteht aus einer Vielzahl solcher zusammengeschlossenen Netzwerke und ist für jedermann frei zugänglich, der einen Anschluss an dieses Netzwerk bezahlen kann und will. Einige der angeschlossenen Netze bestehen nur aus einem oder wenigen Rechnern, andere sind relativ umfangreich.

Zusätzlich zu dieser rein physikalischen Komponente besteht das Internet aber auch aus Protokollen für die Datenübertragung, Diensten, die in Anspruch genommen werden können und einigem mehr. Eine einfache Definition des Internets könnte ungefähr so aussehen:

Das Internet besteht aus einer großen Anzahl miteinander verbundener Rechner und Software-Programme, die über die ganze Welt verteilt sind und den Benutzern Informationen zur Verfügung stellen.

Vereinfacht ausgedrückt, handelt es sich beim Internet um ein riesiges, weltumspannendes Netzwerk. Ein kleines Netzwerk entsteht in dem Moment, in dem man zwei Computer zum Datenaustausch miteinander verbindet (man sagt auch, die Rechner werden „vernetzt") und ein gemeinsames Programm auf beiden Rechnern startet, welches die Kommunikation zwischen den Rechnern erledigt. Die meisten Firmen besitzen heute ein kleines Netzwerk, das aus einigen miteinander verbundenen Rechnern besteht, damit zum Beispiel ein eingegangener Auftrag direkt an die Faktura und an die Auslieferung weitergeleitet werden kann. In einem Netzwerk werden Daten direkt von einem auf den anderen Rechner übertragen. Der wichtigste Unterschied zwischen einem Firmennetzwerk und dem Internet ist, dass das Internet weder zentral verwaltet noch geplant wird. Dadurch erscheint das Internet dem Nichteingeweihten zwangsläufig ein wenig chaotisch, es ist allerdings auch sehr unempfindlich gegenüber Störungen, da es immer zahlreiche Wege gibt, auf denen ein Datenpaket vom Absender zum Empfänger gelangen kann.

Ein wichtiger Unterschied zwischen dem Internet und den „traditionellen" Medien wie Fernsehen, Radio oder Printmedien ist folgender: Das Internet ist ein komplett interaktives Medium. Jeder angeschlossene Benutzer kann nicht nur als Konsument, sondern auch als Produzent von Internet-Inhalten auftreten und so zum Beispiel mit einer Homepage die Angebote im Internet um die eigenen Werke erweitern.

Diskussionen im Internet spielen sich potentiell vor einem weltweiten Publikum ab und jedermann kann an ihnen teilnehmen. Durch die Kommerzialisierung des Internets in den 90er Jahren ist diese Form der Kommunikation außerdem eine der preiswertesten geworden: Der ursprünglich nur einer kleinen Zahl von Wissenschaftlern mit Computerkenntnissen zugängliche Rechnerverbund wird mittlerweile vom Studenten genauso benutzt wie von der Hausfrau, vom Manager wie vom Lehrling, vom Computerspieler genauso wie vom recherchierenden Journalisten usw.

Der größte Teil der physikalischen Verbindungen im Internet sind übrigens Telefon- oder Glasfaserkabel, obwohl einige der Verbindungen auch über Satellit, Funk oder Infrarot erfolgen.

WWW? Das WorldWideWeb ist genaugenommen ein Dienst innerhalb des Internets und sollte nicht mit ihm verwechselt werden.

Ein weiterer der grundlegenden Internet-Dienste ist das Telnet (Teletype Network). Mit diesem Dienst können an ihn angeschlossene Rechner „aus der Ferne" bedient werden, um z. B. Daten vom Rechner zuhause abrufen zu können.

2. Geschichte

Die Keimzelle des späteren Internets entstand in der Zeit des kalten Krieges zwischen den Weltmächten. Im Rüstungwettlauf mit der UDSSR gründete das US-Verteidigungsministerium die ARPA (Advanced Research Projects Agency, frei übersetzt: Gesellschaft für fortschrittliche Forschungsprojekte). Die ARPA hatte den Auftrag, an der Entwicklung neuartiger Technologien mitzuarbeiten und auch „verrückte" Projekte zu berücksichtigen. Eines dieser eher verrückten Projekte war die Vernetzung mehrerer Computer, zuerst innerhalb eines Gebäudes; später als man die Vorteile dieser Vorgehensweise erkannte, auch räumlich entfernterer Rechner miteinander.

Dieses Projekt sollte die Kommunikation der militärischen Einrichtungen im Falle eines Angriffs sicherstellen. Grundlegende Idee war dabei, ein dezentrales Netz zu entwickeln, das keinen Zentralcomputer benötigt. Würde eine solche Zentrale im Kriegsfalle zerstört, wäre damit das ganze System lahmgelegt. Bei einem dezentralen Netz blieben die restlichen angeschlossenen Computer weiterhin funktionsfähig.

Ergebnis war das erste „echte" Computernetzwerk, das ARPANET. Das ARPANET bestand im Herbst 1969 aus vier Knoten: der University of California in Los Angeles, dem Stanford Research Institute, der University of California in Santa Barbara und der University of Utah. Die angeschlossenen Rechner stammten von verschiedenen Herstellern und hatten unterschiedliche Betriebssysteme, verständigten sich untereinander aber mit Hilfe eines gemeinsamen Protokolls (vereinfacht ausgedrückt, einer gemeinsamen „Sprache").

Weitere wichtige Stationen in der Entwicklung des Arpanets waren die erste E-Mail-Software zum Versenden elektronischer Post (1972 von Ray Tomlinson programmiert) und die International Conference on Computer Communications; hier demonstrierten 40 Rechner drei Tage lang die Möglichkeiten eines Computernetzes. Weitere Netzwerke nach dem Vorbild des Arpanets entstanden (einige dieser Netze verwendeten bereits Funkübertragung anstelle der störungsanfälligen Telefonleitungen).

Der Gedanke, diese verschiedenen Netze wiederum miteinander zu verbinden, war naheliegend. Dafür wurde ein geeignetes Protokoll benötigt, sollten doch hier Computer über Netze miteinander kommunizieren, ohne die genaue Technologie dieser Netze zu kennen. Die Forscher Vinton Cerf und Bob Kahn entwickelten 1974 ein solches einheitliches Protokoll, das **T**ransmission **C**ontrol **P**rotocol/**I**nternet **P**rotocol (TCP/IP).

Dieses Protokoll regelt sowohl die Verbindungsherstellung als auch das Datenformat mehrerer miteinander verbundener Netzwerke und existiert noch heute. Premiere hatte TCP/IP im Jahr 1975, aber erst 1983 wurde es aufgrund zahlreicher beeindruckender Vorführungen während der 70er Jahre der Standard des Arpanets. Gleichzeitig stieg in den 70er Jahren die Zahl der Netzwerke in den Vereinigten Staaten und Europa stark an; immer mehr dieser Netzwerke waren auch untereinander verbunden und aus diesem Konglomerat entstand schließlich das NSFNET, der direkte Vorläufer des Internet. Immer mehr Länder, Personen und privat betriebene Netzwerke schlossen sich in den 80er Jahren dem NSFNET an. Die beiden wohl wichtigsten Faktoren für die schnelle weltweite Verbreitung waren die Entwicklung des **Hyperlinksystems** und der erste einfach zu bedienende **Browser**.

Die eigentliche Erfolgsstory des Internets begann jedoch erst 1990, als Tim Berners-Lee, Informatiker am Genfer Hochenergieforschungszentrum CERN und einige seiner Kollegen neue Wege des Informationsaustauschs entwickelten:

Bisher war auf den Computerbildschirmen nur reiner Text, aber keine Grafiken und Bilder zu sehen. Für die Kombination von formatierten Texten mit Grafiken wurde das Dateiformat HTML (**H**yper **T**ext **M**arkup **L**anguage) entwickelt. Der besondere Clou dieser Sprache ist die Möglichkeit, in einem Dokument einen Verweis (Hyperlink) auf ein anderes Dokument einzubauen, wobei es keine Rolle spielt, ob sich dieses andere Dokument auf einem Rechner im Nebenraum oder auf der anderen Seite der Erde befindet. Als Übertragungsprotokoll wurde parallel dazu HTTP (**H**yper**t**ext **T**ransfer **P**rotocol) eingeführt.

Dieser Möglichkeit des grafischen Informationsaustauschs wurde der Name WWW (World Wide Web) gegeben.

Hyperlinks auf einer Webseite sind normalerweise deutlich gekennzeichnet. Meistens ist die entsprechende Adresse farbig (oft blau) dargestellt und unterstrichen. Außerdem erkennen Sie einen Hyperlink aber auch daran, dass der Mauszeiger beim Überfahren des Hyperlinks seine Form ändert und zu einer Hand wird.

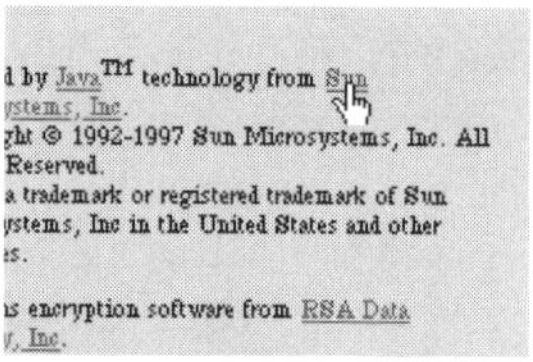

Hyperlink im Text

Da die Fortbewegung im Internet (mit Hyperlinks) Wellenreiten ähnelt, ist wahrscheinlich irgendwann in dieser Zeit der heute verwendete Ausdruck „Surfen" für die Internet-Nutzung entstanden.

Als **Browser** bezeichnet man ein Programm für die Navigation im World Wide Web. Bis zu Beginn der 90er Jahre waren für die Nutzung des Internets gute Computerkenntnisse notwendig. Mit der Entwicklung der Clients oder Browser (Programme, mit denen man die Seiten betrachten kann), wuchs die Zahl der WWW-Server in rasantem Tempo.

Herausragend war dabei Marc Andreessen, ein Programmierer, der Mosaic, den ersten WWW-Browser mit grafischer Benutzeroberfläche entwickelte. Angespornt von seinem Erfolg gründete er später seine eigene Firma **Netscape**.

Deren Browser Navigator bzw. Communicator waren bis Ende der 90er Jahre marktbeherrschend. Ursprünglich kommerzielle Software, ist der Navigator (bzw. Communicator) mittlerweile aufgrund des harten Konkurrenzkampfes mit der Software-Schmiede Microsoft, welche den hauseigenen Browser **Internet Explorer** von Anfang an umsonst verteilt hat, ebenfalls kostenlos.

Heutzutage haben die Firmen Microsoft und Netscape den Browser-Markt praktisch unter sich aufgeteilt. Es gibt zwar gelegentlich Neuentwicklungen kleinerer Firmen (wie den Oracle-Browser oder die deutsche Entwicklung i-Cab), ob sich aber eines dieser Programme gegen die beiden „Großen" durchsetzen kann, erscheint mehr als fraglich.

Wenn Sie einen fertig konfigurierten Rechner erworben haben, besitzen Sie bereits mindestens einen dieser Browser – der Standardbrowser bei Windows-Systemen ist der Microsoft Internet Explorer, die Firma Apple legt ihren Rechnern sogar beide Programme bei.

3. Ausblick

Alle Prognosen zur Zukunft des Internets sind sich in einem Punkt einig: Das Internet wird sich weiterhin rasant ausdehnen, wahrscheinlich noch schneller als bisher. Als Anhaltspunkt die bisherige Entwicklung in Zahlen: 1969 waren ganze vier Rechner miteinander verbunden, im Jahr 1977 erstmals mehr als 100, 1984 wurde die „magische" Zahl von 1000 Computern überschritten. 1991 waren über eine halbe Million Rechner „online", 1992 wurde die Millionengrenze erreicht. 1995 gab es ungefähr 6,5 Millionen Server im Internet und heute schätzt man 160 Millionen Rechner mit zwischen 800 und 900 Millionen Webseiten!

Das Internet wird tiefer in das tägliche Leben der Menschen eindringen, als man bisher vermutet hat. Es wäre denkbar, dass in naher Zukunft selbst einfache Haushaltsgeräte ständig oder bei Bedarf online sind. So könnte der Kühlschrank „wissen", welche Artikel Sie normalerweise in welcher Menge im Hause haben und bei Bedarf selbständig beim Lebensmittelhändler ihrer Wahl bestellen, Ihr Herd könnte sich Rezepte aus dem Internet laden und Ihnen beim Kochen auf einem Display anzeigen oder Ihre Spülmaschine sich mit neuen Waschprogrammen versorgen usw. – die Möglichkeiten sind endlos.

Das Surfen mit dem Fernseher; Effektgeräte, die sich neue Presets von der Homepage des Herstellers „abholen", Spielkonsolen mit eingebautem Internet-Zugang für weltweites Spielen oder Online-Operationen, bei denen der operierende Spezialist sich auf einem anderen Kontinent befindet – dies alles ist keine Vision mehr, sondern bereits Realität.

Ohne Zweifel werden für diese Anforderungen neue Technologien benötigt werden, denn bereits heute platzt das Internet aus allen Nähten. Einen wichtigen Schwerpunkt werden dabei Technologien zur Übertragung noch größerer Datenmengen in noch kürzerer Zeit spielen; die ersten dieser Technologien befinden sich bereits in der praktischen Erprobung.

2 Wie komme ich ins Internet?

Wenn Sie nach dem Studium der Einleitung beschlossen haben, dass Sie jetzt unbedingt ins Internet müssen – herzlichen Glückwunsch und willkommen! – es ist viel einfacher, als Sie vielleicht denken.

Für Ihren Internetzugang brauchen Sie Hardware (Geräte) und Software (Programme). Wir wollen uns zuerst mit der Hardware befassen. Sie benötigen dreierlei:

1 einen Personal Computer (PC),

2 einen Telefonanschluss und

3 ein Modem (oder eine ISDN-Karte) für die Verbindung zwischen dem Telefonanschluss und Ihrem Computer.

1. Computer

Fangen wir mit dem Computer an: Was für einen Rechner Sie besitzen, ist beinahe egal, da es die wichtigsten Programme und sonstiges Zubehör mittlerweile für beinahe jeden Rechnertyp gibt. Hier werden die beiden wichtigsten Rechnersystemen angesprochen:

Sogenannte Intel-kompatible Rechner mit Windows-Betriebssystem und der Apple Macintosh bzw. Power PC. Insgesamt gehören mehr als 90% der weltweit installierten Heim-PCs zu einem der beiden Systeme. Beide Systeme haben grafische Benutzeroberflächen, welche die Bedienung vereinfachen. Wir gehen in diesem Buch davon aus, dass Sie bereits einen Rechner besitzen und damit die Entscheidung für eine der beiden Plattformen bereits gefallen ist.

Sollte das nicht der Fall sein, empfiehlt es sich, einige Zeit lang die handelsüblichen Computerzeitschriften zu lesen, um einen ungefähren Überblick über Angebot und Preise zu bekommen. Eine Kaufberatung an dieser Stelle würde nicht nur den Rahmen dieses Buches sprengen, sie wäre auch zum Erscheinungstermin bereits hoffnungslos überholt. Um Sie dennoch nicht völlig im Regen stehen zu lassen, sind hier einige Tipps eher genereller Art:

1. Überlegen Sie sich, welche Aufgaben Sie mit Ihrem zukünftigen Recher außerdem erledigen wollen (nicht jeder braucht unbedingt das beste, neueste und teuerste Modell). Erkundigen Sie sich, ob es die dafür nötige Software auch für das jeweilige Modell gibt.

2. Lassen Sie sich beim Kauf beraten und erkundigen Sie sich bei Freunden und Bekannten über deren Erfahrungen mit bestimmten Modellen und/oder Geschäften.

3. Kaufen Sie keinen Rechner, den Sie selbst noch zusammenbauen müssen.

4. Achten Sie auf Erweiterbarkeit des Rechners.

5. Achten Sie auf den Service des Geschäftes, in dem Sie Ihren Rechner erwerben. Die Wahrscheinlichkeit, dass Sie ihn irgendwann einmal brauchen werden, ist relativ groß.

Für die Entscheidung zwischen einem Windows-System und einem Macintosh hier ein paar kleine (zugegeben subjektive) Hilfestellungen:

Windows-Rechner stellen mit über 85% den Löwenanteil der PCs, das Angebot an Software und Spielen ist riesig, das Zusammenspiel der Hardware-Komponenten nicht immer ganz reibungslos, die Einzelteile sehr billig und ein System – etwas Sachkenntnis vorausgesetzt – fast beliebig zu konfigurieren.

Apple-Rechner und Power PCs führen dagegen ein relatives Mauerblümchen-Dasein, haben aber eine fanatische Fangemeinde. Diesen Rechnern eilt der Ruf voraus, extrem einfach zu bedienen und sehr teuer zu sein; beides stimmt heutzutage nicht mehr so ganz. Die wichtigsten Programme gibt es auch für Apple-Rechner, bei Spezialsoftware kann es aber durchaus Lücken geben; auch das Angebot an Spielen ist deutlich kleiner.

Beide Rechner bieten seit einiger Zeit genügend Rechenleistung für Internet-Anwendungen, wenn Ihr Rechner nicht älter ist als ungefähr 3 Jahre, sollten Sie keine Probleme erwarten. Wie bei allen Anwendungen gilt auch hier: je mehr Arbeitsspeicher (RAM) desto besser; mindestens 32 MB sollten es schon sein und eine Soundkarte kann auch nicht schaden.

Diese kurze Gegenüberstellung soll keinesfalls eine Kaufberatung ersetzen, hierzu gibt es umfangreiche Literatur, die Sie bei Bedarf unbedingt studieren sollten, denn ein falscher Rechner, übereilt gekauft, ist auf jeden Fall zu teuer.

2. Telefonanschluss

Kommen wir zum zweiten Punkt, dem Telefonanschluss. Wahrscheinlich haben Sie, wie die meisten von uns (noch) einen sogenannten analogen Telefonanschluss. Das ist derselbe Anschluss, den auch meine Großmutter schon für Ihr Telefon verwendet hat, und er ist vollkommen Internet-tauglich.

Eventuell besitzen Sie auch einen ISDN-Anschluss, dann haben Sie einen leichten Vorteil, denn zusätzlich zu den besonderen Möglichkeiten, die Ihnen ISDN beim Telefonieren bietet, können Sie auch gleichzeitig im Internet unterwegs sein (man sagt auch surfen) und telefonieren, und die theoretische Übertragungsrate Ihrer Daten ist doppelt so hoch.

ISDN? Vereinfacht ausgedrückt handelt es sich bei ISDN um einen digitalen Telefonanschluss. Er besteht aus 2 Kanälen, die getrennt benutzt aber auch gekoppelt werden können. Es ist dadurch möglich, zwei Gespräche gleichzeitig zu führen, oder auf dem einen Kanal im Internet unterwegs und auf dem anderen trotzdem telefonisch erreichbar zu sein. Das ist mit einem analogen Telefonanschluss nicht möglich.
Für Datenübertragungen kann man beide Kanäle bündeln und hat somit die doppelte Datenübertragungsrate zur Verfügung. Die Telefonkosten verdoppeln sich dann allerdings ebenfalls. Zudem sind die Grundgebühren für ISDN-Anschlüsse erheblich teurer.

Hier einige Tipps für den physikalischen Anschluss Ihres Computers an die Telefonleitung:

1. Wenn Ihr Telefon nicht in eine Buchse eingesteckt ist, sondern das Anschlusskabel direkt aus der Wand austritt, benötigen Sie eine sogenannte TAE-Dreifachsteckdose. Sie können diese Dose von der Telekom oder Ihrem Elektriker montieren lassen oder im nächsten Baumarkt oder Elektronikladen kaufen und selbst einbauen.

Dafür sind keine großen Kenntnisse oder Spezialwerkzeug nötig. Sie brauchen einen kleinen Schraubenzieher, das Schema für den Anschluss ist meistens auf der Rückseite der Verpackung aufgedruckt.

2 Wenn Ihr Telefonkabel zwar mit einem Stecker eingesteckt ist, die Wanddose aber nur einen Anschluss hat, müssen Sie entweder in einen Adapter investieren (erhältlich z. B. bei der Telekom), der diese Wanddose in eine Dreifachsteckdose umwandelt; oder die Wanddose ausbauen und direkt durch eine Dreifachsteckdose ersetzen, wie unter 1 beschrieben.

TIPP! Ganz strenggenommen brauchen Sie natürlich keine Dreifachsteckdose, eine einfache tut es auch und ist die billigste Lösung. Sie müssen dann allerdings ständig zwischen Telefon und Computer umstecken, was je nach Lage der Wandsteckdose nicht immer angenehm ist. Der Erfahrung nach macht das niemand längere Zeit.

3 Ihr Telefonkabel ist bereits in eine Dreifachsteckdose eingesteckt, zwei Steckplätze sind noch frei – Sie können direkt loslegen! Die mittlere der drei Buchsen verwenden Sie für Ihr Telefon, eine der beiden anderen (egal welche) für den Computeranschluss und die letzte Buchse ist noch für ein Faxgerät oder einen Anrufbeantworter frei.

3. Modem

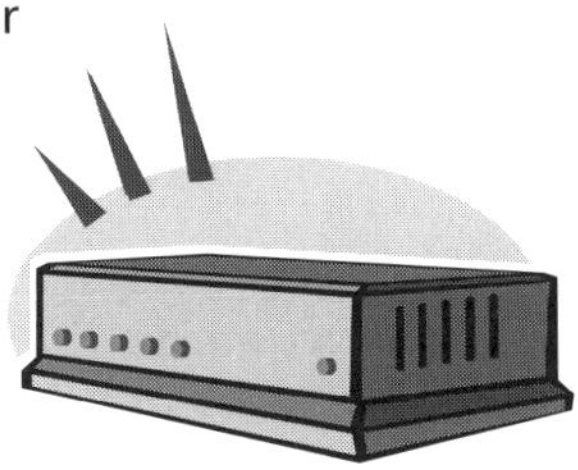

Und damit sind wir beim letzten Punkt der Hardware-Installation: Sie brauchen ein Gerät, das Ihren Computer mit dem Telefonanschluss verbindet: das **Modem**. Der Begriff Modem ist die Abkürzung von **Mo**dulator/ **Dem**odulator.

Es gibt Modems als sogenannte Stand-Alone-Geräte, die außerhalb des Computers stehen und als Zusatzkarten für den Einbau innerhalb des Rechners. Letzteres hat den Vorteil, dass man etwas mehr Platz auf dem Schreibtisch hat und das Modem vom Rechner mit Strom versorgt wird.

Haben Sie bereits eine ISDN-Leitung oder möchten Sie eine einrichten lassen, benötigen Sie einen ISDN-Adapter. Dieser ist rein technisch gesehen kein Modem, übernimmt aber die gleiche Funktion.

Hinweis! Obwohl das eigentlich selbstverständlich sein sollte, muss an dieser Stelle ausdrücklich darauf hingewiesen werden, dass für die Installation zusätzlicher Hardware der Computer ausgeschaltet und vom Stromnetz getrennt werden sollte. Weiterhin sollten elektronische Bauteile aller Art nie mit den bloßen Fingern berührt werden. Wenn Sie mit Bauteilen arbeiten, die gegen statische Elektrizität empfindlich sind, kann sogar eine Erdung während der Arbeit nötig sein.

Und wie immer gilt: Beim geringsten Zweifel an Ihren Fähigkeiten fragen Sie einen Fachmann; der potentielle Schaden, den Sie beim Selbsteinbau anrichten können, ist um vieles höher als die Ersparnis!

Für die Verbindung zwischen Modem (oder ISDN-Karte) und Telefonbuchse wird ein ganz gewöhnliches Telefonkabel verwendet, das vielen Modems sogar kostenlos beiliegt. Achten Sie darauf, die Kabellänge möglichst kurz und die Verlegung wenig abenteuerlich zu gestalten; nichts ist ärgerlicher als einen halbstündigen Download kurz vor dem Schluss außerplanmäßig zu beenden, weil Waldi am Kabel zerrt.

TIPP! Wenn Sie sowieso vorhatten, auf ISDN umzusteigen, oder die anderen Vorteile dieser Anschlussart nutzen wollen, ist Ihr Einstieg ins Internet ein günstiger Zeitpunkt dafür. Viele Händler koppeln einen ISDN-Anschluss mit einem günstigen Preis für ein ISDN-Modem.

Nur wegen der Datenübertragungsgeschwindigkeit lohnt sich der Umstieg nicht unbedingt, heutige analoge Modems sind zum einen recht flott und zum anderen liegt der „Flaschenhals“, der die Höchstgeschwindigkeit bestimmt, normalerweise nicht im Modem, sondern irgendwo im Internet selbst, und dagegen hilft die schnellste ISDN-Karte nichts.

Wenn Sie noch etwas warten können, verwenden Sie einfach Ihren guten alten Analoganschluss und harren der Dinge, die da kommen mögen, denn die Nachfolgetechnologien zu ISDN haben die Labors bereits verlassen und werden wohl bald kommerziell zur Verfügung stehen:

- ADSL (in Deutschland T-DSL) ist ungefähr zehnmal schneller als ISDN, ist aber leider noch sehr teuer.
- Erste Experimente mit drahtloser Übertragung und dem Kabelfernsehnetz sehen recht vielversprechend aus.
- Versuche mit der Datenübertragung über das bereits vorhandene Stromnetz laufen ebenfalls in einigen deutschen Großstädten.

In Zukunft wird sich also sicher an den Zugangsformen zum Internet noch einiges ändern. Für die meisten gibt es aber derzeit nur zwei Alternativen: den analogen und den ISDN-Anschluss.

Handy? Sie können übrigens im Prinzip auch mit Ihrem Laptop (tragbarer Computer) und einem Handy als Modem von der grünen Wiese aus ins Internet; in der Praxis ist diese Methode aber noch so langsam und teuer, dass selbst Internet-Fans sie nur in Momenten höchster Verzweiflung benutzen.

4. Provider

Der nächste Schritt auf Ihrem Weg ins Internet umfasst die Wahl eines **Providers** und die Installation diverser Software. Ein Provider (frei übersetzt in etwa **Zurverfügungsteller**) ist einfach eine Firma, die Ihnen einen Zugang zum Internet vermietet, so wie Ihr Telefonanschluss bei einer Telefongesellschaft Ihnen Zugang zum Telefonnetz bietet.

Das Prinzip ist folgendes: Ihr Rechner ruft mit dem Modem eine bestimmte Telefonnummer an, den Großrechner Ihres Providers (auch **Server** genannt). Dieser Rechner ist rund um die Uhr mit anderen Internetservern verbunden und macht es Ihnen (und den anderen Kunden des Providers) möglich, sich ins Internet einzuwählen.

Ein Provider ist häufig eine Telefonfirma, die nebenbei auch Internetzugänge vertreibt. Sie können den Internetzugang über Ihren bisherigen Telefonanbieter beziehen, oder aber auch zu einer anderen Firma gehen. Die Tarife sind mindestens so kompliziert wie die Telefontarife und ohne viel Rechnerei kaum zu vergleichen, es gibt aber drei wichtige Entscheidungshilfen für die Providerwahl:

1. Bietet Ihr Provider die Einwahl ins Internet zum Ortstarif an? Bei den meisten Providern fallen nämlich zusätzlich zu den Internetgebühren die Telefonkosten an und stundenlange Ferngespräche sind bekanntlich teuer. Unterstützt der Provider in Ihrem Wohnort schnelle Modems oder ISDN-Karten?

2. Sind die Tarife Ihres Providers überschaubar und verständlich, oder wissen Sie auch nach stundenlangem Studium der entsprechenden Unterlagen nicht genau, was in finanzieller Hinsicht auf Sie zukommt? – Scheuen Sie sich niemals, zur Konkurrenz zu wechseln, Internet-Provider gibt's wie Sand am Meer ...

3. Wann und unter welchen Umständen ermöglicht Ihr Vertrag den Wechsel des Providers? Sie wollen natürlich keinen Vertrag unterzeichnen, der Sie auf ewig an einen Provider bindet, und bei dessen Kündigung irgendwelche mysteriösen Gebühren anfallen ... lesen und vergleichen Sie das Kleingedruckte!

Call-by-Call Es ist auch möglich (genauso wie beim Telefon), sich im sogenannten **Call-by-Call** Verfahren im Internet zu bewegen. Im Gegensatz zum „normalen" Internet-Zugang, bei dem Sie sich bei einem Provider anmelden und dann bei diesem Anbieter unter Vertrag sind (was oft mit einer Kündigungsfrist oder monatlichen Grundgebühren verbunden ist) können Sie sich im Call-by-Call Verfahren jedesmal mit einem anderen Provider ins Internet begeben. Die Abrechnung erfolgt über Ihre Telefonrechnung.
Einige der Call-by-Call Anbieter verlangen zwar eine vorherige Anmeldung, allerdings kommt eine vertragliche Bindung nur für einen einzigen Internet-Zugriff zustande; andere bieten sogar einen Internet-Zugang ohne jede Anmeldung an. Das funktioniert genauso, wie das Call-by-Call-Verfahren für normale Telefongespräche: Sie wählen sich mit einer speziellen Nummer ins Internet ein, die dem jeweiligen Anbieter „gehört".
Der Nachteil beim Call-by-Call-Verfahren ist, dass die Gebühren meistens etwas höher sind.

Viele der großen Provider (wie beispielsweise T-Online oder AOL) bieten übrigens auch Probepakete an, die Ihnen für eine gewisse Zeit die Nutzung des Internets kostenfrei oder stark vergünstigt ermöglichen. Der Internet-Markt ist genauso hart umkämpft wie der Telefonmarkt, deshalb können Sie sich bei Bedarf für einige Monate von Probierangebot zu Probierangebot „hangeln". Diese Probepakete finden Sie auf den CD-ROMs, die vielen Computerzeitschriften beiliegen – manchmal sogar in Fernsehzeitschriften – oder Sie fragen einfach bei einem der großen Anbieter nach.

Sie haben sich jetzt also für einen Provider entschieden und einen Vertrag unterzeichnet. Die meisten Provider schicken Ihnen zusammen mit einigen wichtigen Daten eine kostenlose CD-ROM mit der benötigten Internet-Software. Da die Installation dieser Software je nach Provider und Rechner völlig anders ausfallen kann, ist es unmöglich, hier detaillierte Anweisungen zu erteilen, außer dem generellen Tipp, den Installationsanweisungen zu folgen.

Einen guten Provider erkennen Sie übrigens auch daran, dass Sie in dieser Phase der „Operation Internet" nicht allein sind. Ein guter Provider verfügt über eine telefonische Hotline mit freundlichen Mitarbeitern, die Ihnen bei Problemen zur Seite stehen. Bitte tun Sie sich selbst und diesen freundlichen Mitarbeitern den Gefallen und rufen Sie nur an, wenn Sie wirklich alleine nicht mehr weiterwissen, denn auch Hotline-Mitarbeiter sind nur Menschen ...

5. Treiber installieren

Zuerst sollten Sie die Modem-Software installieren. Der wichtigste Bestandteil dieser Software ist der sogenannte **Treiber**. Dies ist ein kleines Programm, das beim Start des Rechners geladen wird und dem Computer mitteilt, was für ein Modem angeschlossen ist und welche eventuellen Sonderfunktionen es beherrscht. Den meisten Modems liegt eine umfangreiche Software-Sammlung bei, die unter anderem den Treiber enthält. Bei der Installation des Treibers folgen Sie am besten den Anweisungen des Herstellers.

Sollten Sie keine Modemsoftware erhalten haben, nicht verzweifeln; sowohl Windows-Rechner als auch der Apple Macintosh verfügen über sogenannte **Universaltreiber**, die beinahe jedes beliebige Modem ansprechen können. Ihnen stehen zwar dann unter Umständen nicht alle spezielleren Funktionen Ihres Modems zur Verfügung, aber wenn Sie den Einstieg ins Internet erst einmal geschafft haben, können Sie sich immer noch speziellere Treiber von darauf spezialisierten Anbietern, aus Shareware-Sammlungen oder auch direkt vom Hersteller Ihres Modems herunterladen („downloaden“).

a) Windows

Hinweis: die im Folgenden beschriebenen Einstellungen können je nach der verwendeten Version des Betriebssystems Windows leicht unterschiedlich sein, das prinzipielle Vorgehen ist jedoch gleich.

Die neueren Versionen des **Windows**-Betriebssystems von Microsoft verfügen über relativ gute Funktionen zur automatischen Hardware-Erkennung. Das bedeutet, der Computer kann selbständig feststellen, welche Hardware installiert ist und den am besten geeigneten Treiber vorschlagen. Sollten Sie die automatische Hardware-Erkennung verwenden, ist es sinnvoll, Ihre Windows-Original-CD griffbereit zu haben, da von dieser eventuell einzelne Systembestandteile nachinstalliert werden müssen. Zwei weitere Software-Bestandteile, die installiert sein müssen, wenn Sie ins Internet wollen, sind das **DFÜ-Netzwerk** und **TCP/IP**. Je nachdem, wer das Betriebssystem auf Ihrem Rechner installiert hat, sind diese Software-Bestandteile bereits vorkonfiguriert. Im Folgenden wird gezeigt, wie Sie das feststellen können, und was Sie tun müssen, wenn diese Software nicht installiert ist.

Dabei muss man sich leider mit ein paar technischen Details beschäftigen.

DFÜ ist die Abkürzung von **D**aten**f**ern**ü**bertragung und das DFÜ-Netzwerk ist eine Windows-Software, mit der das Modem gesteuert und die Datenübertragung geregelt werden kann.

Wenn zwei Computer im Internet oder woanders miteinander kommunizieren sollen, müssen sie natürlich dieselbe „Sprache" sprechen. Vereinbarungen über die verwendete Sprache nennt man auch Protokoll. Das im Internet verwendete Protokoll heißt **T**ransmission **C**ontrol **P**rotocol/**I**nternet **P**rotocol, oder kurz **TCP/IP**.

Um festzustellen, welche dieser Komponenten bereits installiert sind, rufen Sie unter Windows *Start/Einstellungen/Systemsteuerung* auf und klicken Sie auf den Eintrag *Software*. Im folgenden Fenster *Eigenschaften von Software* wählen Sie unter dem Register *Windows Setup* den Eintrag *Verbindungen* an.

Wenn dieser Eintrag mit einem Häkchen auf weißem Grund markiert ist, ist das DFÜ-Netzwerk bereits installiert und Sie können weiter unten mit der Überprüfung bzw. Installation von TCP/IP weitermachen.

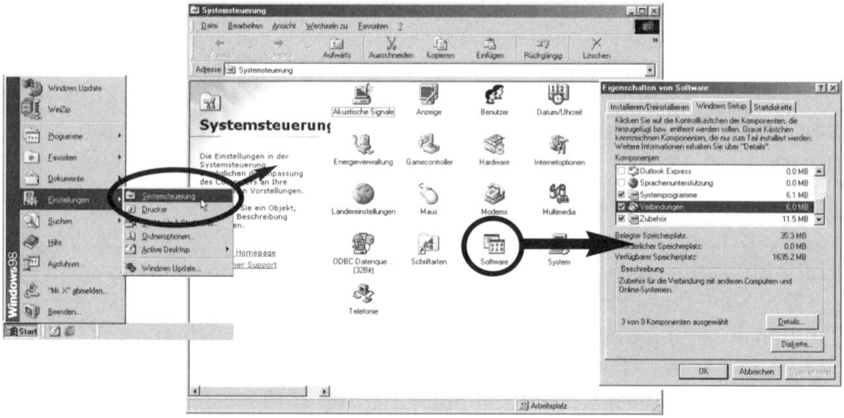

1. Startleiste, 2. Systemsteuerung, 3. Eigenschaften von Software

Wenn das Häkchen an dieser Stelle fehlt oder grau hinterlegt ist, klicken Sie auf die Schaltfläche *Details*.

In dem folgenden Fenster (*Verbindungen*) findet sich der Eintrag *DFÜ-Netzwerk*. Ist er mit einem Häkchen markiert, sind Sie bereits fertig; schließen Sie die geöffneten Fenster mit dem Befehl *abbrechen*.

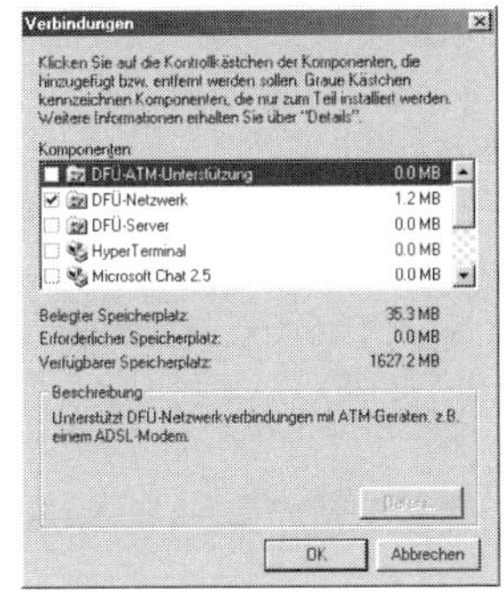

Fenster „Verbindungen"

Fehlt das Häkchen, klicken Sie die quadratische Schaltfläche links neben dem Eintrag *DFÜ-Netzwerk* mit der Maus an, so dass ein Häkchen erscheint und verlassen Sie das Fenster mit einem Klick auf *OK*.

Windows weiß automatisch, dass weitere Software installiert werden muss, und das weitere geschieht mehr oder weniger von alleine. Folgen Sie den Anweisungen auf dem Bildschirm; in den meisten Fällen wird Windows Sie zwischendurch auffordern, die System-CD einzulegen.

TCP/IP

Für die Installation des TCP/IP-Protokolls öffnen Sie erneut das Fenster *Systemsteuerung* und wählen diesmal das Symbol *Netzwerk* an. Im folgenden Fenster finden Sie unter der Überschrift *Die folgenden Netzwerkkomponenten sind installiert* eine Übersicht aller installierten Komponenten. Sie sollten hier einen Eintrag *TCP/IP* oder einen Eintrag *TCP/IP->DFÜ Adapter* vorfinden. Wenn das nicht der Fall sein sollte, klicken Sie auf die Schaltfläche *hinzufügen*.

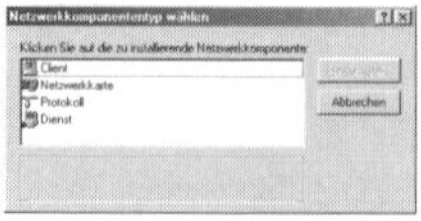

Netzwerkkomponententyp wählen

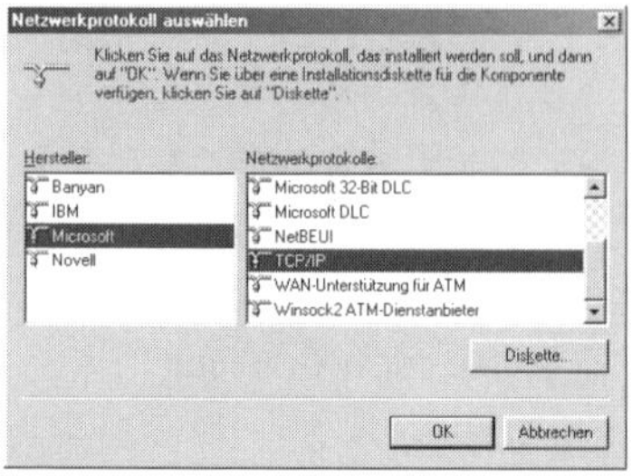

Netzwerkprotokoll wählen

Es öffnet sich ein weiteres Fenster, *Netzwerkkomponententyp wählen*.

Markieren Sie den Eintrag *Protokoll* und klicken Sie dann auf *Hinzufügen*.

Ein weiteres Fenster (jetzt aber endlich das letzte), *Netzwerkprotokoll auswählen* öffnet sich. Markieren Sie auf der linken Seite unter *Hersteller* den Eintrag *Microsoft*, auf der rechten Seite unter *Netzwerkprotokolle* den Eintrag TCP/IP. Klicken Sie dann auf *OK*.

Nach einem Neustart sollte Ihr Rechner jetzt (fast) für das Abenteuer Internet bereit sein. Ihr Provider wird Ihnen einige Daten (die **Zugangsdaten**) geliefert haben, mit denen Sie vermutlich bis hierhin noch nicht viel anfangen konnten. Die folgenden Angaben benötigen Sie für den Internet-Zugang. Sollten Sie diese nicht oder nur unvollständig erhalten haben, setzen Sie sich mit Ihrem Provider in Verbindung. Dies sind im einzelnen:

1. **Einwahl-Telefonnummer**: Die Telefonnummer(n) unter denen Ihr Computer den Server (Großrechner) Ihres Providers anruft. Die meisten Provider haben mehrere dieser Einwahlnummern, zwischen denen bei Bedarf (z. B. Überlastung der Leitung) auch gewechselt werden kann.
2. **IP-Adresse** und **Nameserveradresse**: Diese Angaben erhalten Sie nur bei einigen Providern. Sie sind leicht zu erkennen, es handelt sich um jeweils vier Gruppen von durch Punkte getrennten Zahlen zwischen 0 und 255. Haben Sie keine IP- und Nameserver-Adresse erhalten, benötigen Sie diese auch nicht.
3. **User-ID** (oder Benutzerkennung, auch Benutzername): Das ist der Name, unter dem Sie bei Ihrem Provider geführt werden.
4. **Passwort**: Dies ist Ihr „Personalausweis" und der Garant dafür, dass niemand anderes auf Ihre Kosten oder in Ihrem Namen ins Internet kann. Meistens liefert Ihnen der Provider ein erstes Passwort, das Sie später ändern können (und auch ändern sollten, damit Sie wirklich der einzige sind, dem Ihr Passwort bekannt ist).

DFÜ-Netzwerk

Als letzte Hürde müssen Sie jetzt unter Windows noch das **DFÜ-Netzwerk konfigurieren** und dann kann es losgehen ...

Öffnen Sie auf dem Desktop das Fenster *Arbeitplatz*, klicken Sie dort auf *DFÜ-Netzwerk* und wählen Sie *Neue Verbindung erstellen*. Es folgen jetzt mehrere Fenster, die mit den Daten des Providers ausgefüllt werden müssen.

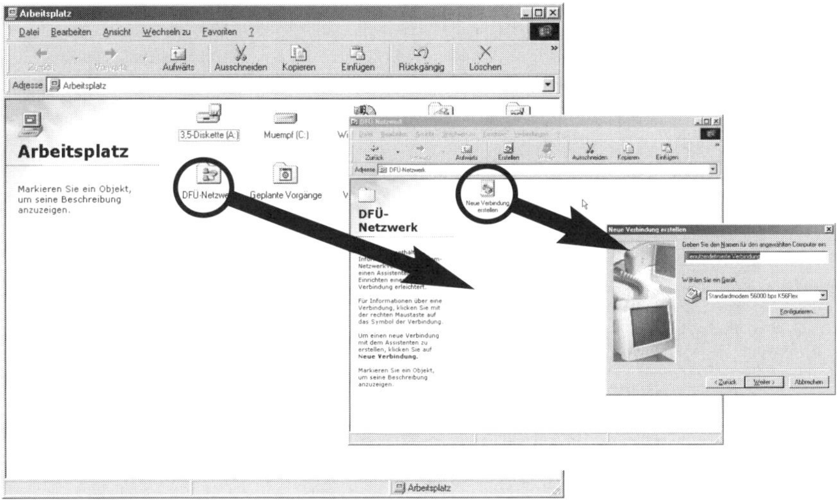

DFÜ-Konfiguration

Sie müssen jetzt einen Namen für den angerufenen Rechner eingeben und das entprechende Gerät (Ihr Modem oder Ihre ISDN-Karte) auswählen, falls dieser Eintrag nicht automatisch erscheint. Für den Rechnernamen wählen Sie am besten einfach den Namen Ihres Providers, um Verwirrung zu vermeiden; aber es geht natürlich auch jeder andere. In diesem Buch habe ich einfach meinen Nachnamen als Beispiel genommen.

Klicken Sie dann auf *Weiter*. Im nächsten Fenster wird die Einwahlrufnummer Ihres Providers eingegeben. Klicken Sie dann auf *Fertig*.

Sie landen jetzt wieder im Fenster *DFÜ-Netzwerk*, in dem Sie ein neues Symbol vorfinden sollten, welches den Namen trägt, den Sie dem Rechner Ihres Providers zugeteilt haben. Klicken Sie mit der **rechten** Maustaste auf dieses Symbol und wählen *Eigenschaften* aus dem Kontexmenü: Ein neues Fenster öffnet sich.

In diesem Fenster wählen Sie das Register *Servertypen* und überprüfen die folgenden Angaben.

Falls Ihr Provider nicht ausdrücklich etwas anderes verlangt, sollten Sie dort folgendes finden bzw. einstellen:

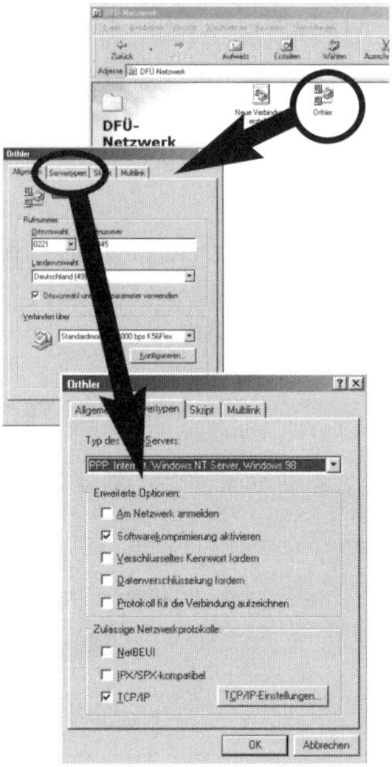

1. DFÜ-Netzwerk
2. Eigenschaften Provider
3. Register Servertypen

1. Unter *Typ des DFÜ-Servers* sollte der Eintrag *PPP: Internet, Windows NT Server, Windows 98* bzw. 2000 stehen.
2. Als einziger sollte bei *Erweiterte Optionen* der Eintrag *Softwarekomprimierung aktivieren* angewählt sein, und
3. in der Rubrik *Zulässige Netzwerkprotokolle* sollte nur *TCP/IP* mit einem Häkchen versehen sein.

Im nächsten Fenster *TCP/IP-Einstellungen* gibt es zwei Möglichkeiten. Haben Sie von Ihrem Provider keine IP- und Nameserveradresse zugeteilt bekommen, markieren Sie die beiden Einträge *Vom Server zugewiesene IP-Adresse* und vom *Server zugewiesene Nameserveradressen*.

Wenn Sie in den Unterlagen Ihres Providers aber eine oder beide dieser Adressen vorfinden sollten, markieren Sie *IP-Adresse festlegen* bzw. *Nameserveradresse festlegen*. Tragen Sie die Adresse(n), komplett mit Punkten in die dafür vorgesehenen Felder ein.

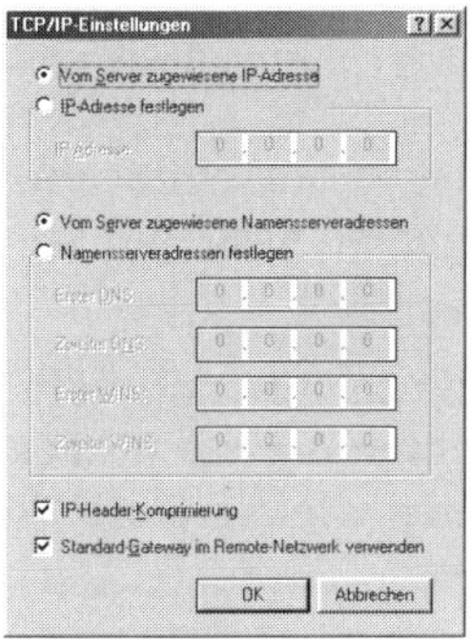

TCP-Einstellungen

Die beiden letzten Punkte dieses Fensters, *IP-Header-Komprimierung* und *Standard-Gateway im Remote-Netzwerk verwenden* müssen beide aktiviert sein, es sei denn, Ihr Provider hat Ihnen ausdrücklich etwas anderes mitgeteilt. Klicken Sie auf *OK* und schließen Sie alle Fenster. Jetzt ist es Zeit für den ersten Test ...

Öffnen Sie das Fenster *DFÜ-Netzwerk* und klicken Sie auf das Symbol mit dem Namen Ihres Providers; es öffnet sich das Fenster *Verbinden mit*. In diesem Fenster müssen Sie jetzt noch Ihren Benutzernamen und Ihr Kennwort eingeben. Hierbei auf Groß- und Kleinschreibung achten!

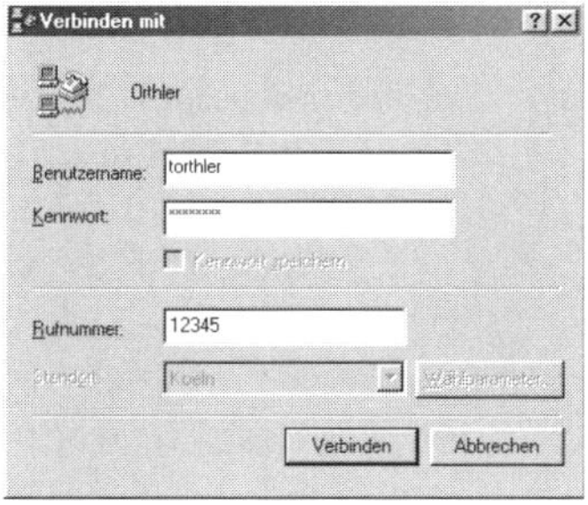

Verbinden mit

Die Option *Kennwort speichern* können Sie aktivieren, Sie müssen dann nicht jedesmal aufs Neue Ihr Kennwort eingeben; allerdings vergrößern Sie auch die Gefahr, dass jemand Ihr Kennwort in Erfahrung bringt. Klicken Sie nun auf die Schaltfläche *Verbinden*. Wenn alles geklappt hat, arbeitet Ihr Computer nun einige Sekunden lang und anschließend erscheint das Fenster *Verbindung hergestellt* – Herzlichen Glückwunsch, Sie sind im Internet!

Sie sind jetzt *online* und können alle die schönen Internetprogramme und Informationen nutzen, die Ihnen im Folgenden vorgestellt werden. Trennen Sie jetzt erst aber einmal die Verbindung wieder. Das funktioniert übrigens nicht über den Punkt *Schließen* im Fenster *Verbindung hergestellt*, denn dieser schließt nur das Fenster, die Verbindung besteht weiterhin! Unten rechts in der Windows-Taskleiste werden Sie ein kleines Symbol finden, welches zwei mit einem Kabel verbundene Rechner darstellt. Ein Doppelklick auf dieses Symbol öffnet ein Fenster, in dem Sie nicht nur Einzelheiten über die Datenübertragung sehen, sondern diese mit der Schaltfläche *Trennen* auch beenden können.

b) Apple / Power PC

Die Internetvorbereitung für Apple Power PC ist etwas einfacher. Alle Systemkomponenten sind bereits bei einer normalen Systeminstallation vorhanden.

Sofern man von seinem Provider keine spezielle Installationssoftware bekommen hat, kann man mit zwei Kontrollfeldern auch alles manuell vorbereiten. Die Zugangsdaten sind dieselben wie auf Seite 28 erwähnt.

1 Zunächst müssen Sie im Kontrollfeld *TCP/IP* oben unter Verbindung *PPP* und unter Konfigurationsmethode *PPP Server* wählen. Ebenso tragen Sie (soweit der Provider es angibt) die *Name Server Adresse* und den *Domain Namen* ein.

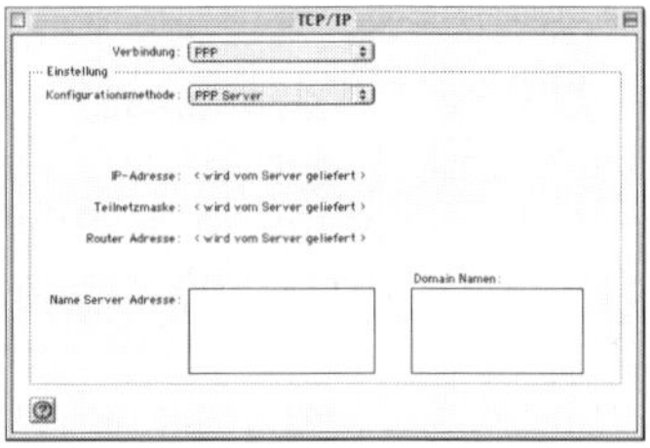

Kontrollfeld TCP/IP

2 Im Kontrollfeld *Remote Access* (bei früheren Systemen: PPP) tragen Sie Ihren Namen, das Kennwort und die Telefonnummer des Providers ein.

Kontrollfeld Remote Access

3 Drücken Sie *Verbinden* und schon sind Sie online. Wenn Sie Ihren Browser bereits konfiguriert haben, können Sie sofort lossurfen.

6. Browser

Die vielleicht wichtigste Internet-Software überhaupt ist der sogenannte **Browser**. *To browse* bedeutet übrigens *grasen, weiden*, oder *abweiden* und beschreibt damit eigentlich ganz gut, wofür diese Software gedacht ist: für das „Abgrasen" des Internets.

Der Browser ist Ihr Lotse für das Internet; das Programm mit dem Sie sich im Internet bewegen, Informationen abrufen und versenden, an Chat-Foren teilnehmen usw.

Es gibt zahlreiche verschiedene Browser, die sich in Ihrem Funktionsumfang, ihrer Leistung und ihren Anforderungen an die Rechner-Hardware zum Teil stark unterscheiden. Dieses Buch beschäftigt sich mit den beiden bekanntesten: dem **Communicator** von Netscape und dem **Internet Explorer** der Firma Microsoft. Beides sind Programme, die sozusagen „unter einem Dach" alle Funktionen bieten, die man im Internet benötigt. Natürlich lassen sich viele dieser Funktionen mit speziellen Programmen besser oder eleganter erledigen, aber für die meisten dürften diese Programme im täglichen Leben völlig ausreichen.

Beide Programme sind **modular** aufgebaut, das bedeutet, Sie können bei Bedarf durch kleine Zusatzprogramme (sogenannte **Plug-Ins**) um bisher nicht vorhandene Funktionen erweitert werden. Das Beste zum Schluss: Beide Programme sind umsonst erhältlich!

Ähnlich wie bei der Wahl des Rechners gibt es auch bei einem Vergleich dieser Programme keinen eindeutigen Sieger; beide haben ihre Vor- und Nachteile und bieten ungefähr denselben Funktionsumfang (Sie können natürlich auch beide installieren). Wenn Sie Ihren Rechner mit bereits installiertem Betriebssystem gekauft haben, werden Sie mindestens eines dieser Programme bereits auf der Festplatte vorfinden. Die Firma Apple legt ihren Rechnern sogar beide Browser bei.

Fazit: Sollten Sie einen Rechner mit Original-Betriebssystem erworben haben (und im Besitz der entsprechenden CD sein), besitzen Sie höchstwahrscheinlich bereits einen der beiden Browser, ohne von Ihrem Glück zu wissen. Wenn das nicht der Fall ist, finden Sie einen Browser – und meistens zahlreiche andere Internetprogramme – auf praktisch jeder CD der handelsüblichen Computerzeitschriften.

Von Zeit zu Zeit eine solche Zeitschrift zu kaufen, ist auf jeden Fall eine günstige Alternative, denn die Zeitschrift und die beigelegte CD sind meistens deutlich billiger als die Kosten für den Download auch nur eines Teils der enthaltenen Software.

Wenn Sie keine Zeitschriften lesen oder noch mehr Geld sparen wollen: Einige Computerläden nehmen CDs zur Entsorgung an, die sie an Bedürftige weiterverteilen. Dort können Sie normalerweise umsonst stapelweise CDs mit der Software des letzten Monats mitnehmen ...

Browserkonfiguration

Wenn Sie Ihren Browser installiert haben, müssen Sie ihn noch konfigurieren. Hierfür benötigen Sie einige Daten, die Ihnen der Provider normalerweise zusammen mit Ihren Vertragsunterlagen liefert:

1. **Mail-** und **Newsserver-Adressen**: Diese benötigen Sie für Ihre E-Mail (Electronic Mail) und die Nutzung von Newsgroups.

2. **E-Mail-Adresse**: Sie können sich Ihre E-Mail-Adresse als eine Art Postfachanschrift vorstellen, die Ihr Provider für Sie verwaltet; ein Briefkasten, in dem eingehende Nachrichten gesammelt und bei Bedarf von Ihnen abgerufen werden.

3. **Proxy-Server-Adressen**: Diese Angaben bekommen Sie nicht von allen Providern, ob Sie benötigt werden, hängt davon ab, wie der Provider mit dem Internet verbunden ist. Wenn in Ihren Unterlagen diese Adressen nicht erwähnt werden, können Sie das Thema fürs erste vergessen.

Proxy Ein sogenannter Proxy-Server ist eine besondere Dienstleistung Ihres Providers. Im Prinzip handelt es sich hier um eine Art „Zwischenstation" zwischen einem oder mehreren Rechnern und dem Internet. Wenn Sie über einen Proxy-Server mit dem Internet verbunden sind, geht jeder Web-Zugriff zuerst an den Proxy-Server (kurz: Proxy) und auch jede Webseite wird zuerst an den Proxy weitergereicht und erst von diesem an Ihren Rechner zuhause weitergegeben.

Der Grund für den Einsatz von Proxies liegt häufig darin, dass der Provider größere Kontrolle über die übertragenen Daten hat und damit auch eine größere Sicherheit bieten kann.

Oft werden Proxies mit einer Firewall (einer speziellen Schutzvorrichtung aus Hard- und Software) kombiniert, damit der Internet-Server besser gegen Missbrauch geschützt ist.

Starten Sie nun Ihren Browser (durch Doppelklick auf das entsprechende Symbol auf dem Desktop oder über die *Start*-Gruppe). Das Programm wird gestartet und als erstes werden Sie eine Fehlermeldung erhalten, dass der Browser seine Startseite nicht laden konnte. Über diese Meldung können Sie großzügig hinwegsehen; da Sie ja noch gar nicht mit dem Internet verbunden sind, kann Ihr Browser seine Startseite nicht laden ... das soll Sie aber nicht stören, denn die Konfiguration des Browsers können Sie auch offline (also nicht mit dem Internet verbunden) vornehmen.

Im **Internet Explorer** wählen Sie jetzt *Extras/Internetoptionen* aus, im **Communicator** finden Sie die entsprechenden Einstelloptionen unter *Edit/Preferences*. Erschrecken Sie nicht wegen der zahlreichen Einstellungen, die Sie hier vornehmen können; tatsächlich sind nur relativ wenige davon tatsächlich nötig und alle diese Einstellungen können nachträglich geändert werden.

Sie können an dieser Stelle bereits die Startseite ändern (das ist die Seite, die Ihr Browser bei jedem Start als erste automatisch lädt). Außerdem können Sie hier in einem der Unterregister angeben, ob Ihr Browser bei jedem Start automatisch eine Verbindung zum Internet herstellen soll oder nicht (Sie müssen dann die Verbindung jedesmal von Hand herstellen). In weiteren Registern können Sie hier Einstellungen für Proxy-Server (falls vom Provider angegeben) eintragen und noch einiges mehr.

Das Programm, das beim Internet Explorer für E-Mails und News und einiges mehr zuständig ist, heißt **Outlook Express** und benötigt ebenfalls einige Daten von Ihnen, im besonderen geht es hier um Ihre E-Mail-Adresse. Alle diese Daten haben Sie von Ihrem Provider erhalten, tragen Sie diese in die entsprechenden Register bzw. Felder ein. Outlook Express arbeitet eng mit dem Internet Explorer zusammen; wir wollen hier nicht mehr detailiert auf jeden einzelnen Eintrag eingehen, denn schließlich wollen Sie ja irgendwann ins Internet ...

Die Einstellungen für den **Netscape Communicator** sind ähnlich, hier finden Sie allerdings alle wesentlichen Einstellungen zusammengefasst unter *Edit/Peferences*.

Weitere Browser

Zusätzlich zu den „Browser-Giganten" Netscape Communicator und Microsoft Internet Explorer existieren zahlreiche weniger weit verbreitete Browser. Die bekanntesten sind Opera, Mosaic und iCab.

Opera

Opera ist eine hervorragende Alternative zu den beiden „großen" Internet-Browsern. Opera ist sehr klein (Download deutlich unter 2 Megabyte), auch das fertig entpackte Programm unterbietet die Anforderungen an Festplattenplatz und Arbeitsspeicher des Communicators oder des Internet Explorers ungefähr um den Faktor 15. Opera ist ein sehr schneller Browser mit einer durchdachten Benutzeroberfläche und Bedienung. Die Demo-Version von Opera kann man 30 Tage lang kostenlos testen, die unbeschränkt funktionsfähige Vollversion ist kommerzielle Software.
System: Windows, Macintosh, Unix, BeOS und EPOC, Linux, OS/2
`http://www.operasoftware.com`

Mosaic

Der Mosaic-Browser ist einer der ältesten noch existierenden Browser und wirkt im Vergleich zu heutiger Software leicht antiquiert, aber er benötigt nur wenig Festplatten- und Speicherplatz und ist recht schnell. Leider liegt im Moment seine Weiterentwicklung ein wenig im dunkeln. Ursprünglich besonders in der UNIX-Welt beliebt, finden sich mittlerweile auch auf anderen Plattformen treue Fans. Mosaic ist Freeware.
System: Windows, X-Windows, Macintosh
`http://www.ncsa.uiuc.edu/SDG/Software/Mosaic`

iCab

Der iCab Browser – den es nur für den Apple Macintosh gibt – ist eine deutsche Entwicklung und kann in einer zeitlich beschränkten Version kostenlos verwendet werden, bei der offiziellen Endversion wird es sich jedoch um kommerzielle Software handeln. Der iCab-Browser ist nicht teuer, relativ klein und sehr einfach zu konfigurieren und einzusetzen. Eine Einschränkung ist allerdings, dass iCab keine integrierte E-Mail-Funktion enthält. Sie können zwar E-Mails verschicken, aber für eine komfortable E-Mail-Verwaltung und das Abrufen eigener Mails wird ein Zusatzprogramm benötigt (z. B. Eudora oder ein anderer E-Mail-Client), mit dem iCab dann zusammenarbeitet (ähnlich wie der Internet Explorer und Outlook Express).
System: Macintosh.
`http://iCab.de`

Zusätzlich zu den erwähnten gibt es noch Dutzende weitere Internet-Browser; viele davon sind Free- oder Shareware. Ein Besuch bei einer der großen Software-Sammlungen kann sich durchaus lohnen ...

7. Die Internetseite

Bauen Sie jetzt eine Verbindung zum Internet auf und starten Sie Ihren Browser. Je nachdem, welche Einstellungen Sie unter *Startseite* vorgenommen haben, sollten Sie jetzt in einem Fenster eine sogenannte **Webseite** sehen:

Internetseite

Eine Webseite ist eine grafisch aufbereitete Seite, die in Ihrem Browser dargestellt werden kann. Wo diese Seite (bzw. die Datei) sich physikalisch tatsächlich befindet, ist dabei Nebensache. Auf fast jeder Seite gibt es anklickbare Bereiche, die Sie zu anderen Seiten weiterleiten. So können Sie sich mit wenigen Mausklicken durch das gesamte Internet bewegen.

Alle wichtigen Bedienungselemente finden Sie in der Menüleiste des Browsers am oberen Rand des Fensters. Wir werden diese Elemente hier am Beispiel des Netscape Communicator beschreiben, beim Internet Explorer sehen Sie sehr ähnlich aus.

Die wichtigsten sind die beiden Pfeile links oben, die Ihnen das Vor- und Zurückblättern zwischen den bereits besuchten Websites ermöglichen (genauso wie Sie in einem Buch die Seiten umblättern) und die sogenannte **Adresszeile**, das weiße horizontale Fenster direkt unter der Menüleiste.

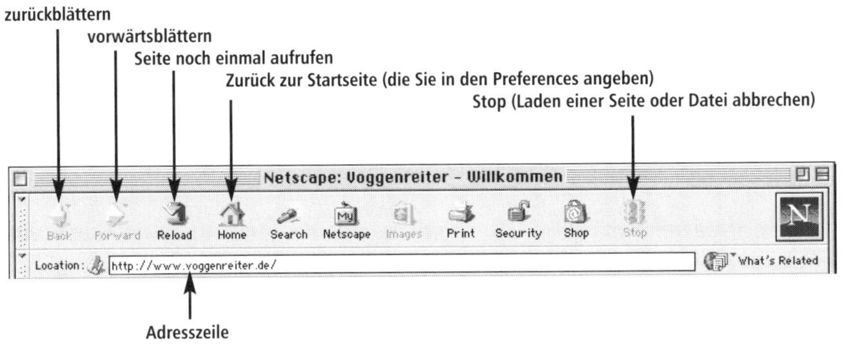

Die Internetadresse

In der Adresszeile können Sie eine Adresse direkt eingeben: Genauso wie in der realen Welt hat auch im Internet jeder Rechner eine genaue Adresse, die nur ein einziges Mal existiert und damit unverwechselbar ist. Für einen Internet-Rechner besteht diese sogenannte IP-Adresse aus vier durch Punkte getrennten Gruppen der Zahlen von 0-255.

Eine typische Internet-Adresse könnte also so aussehen: 123.212. 222.234. Menschen können sich allerdings solche Adressen sehr schlecht merken, weshalb man schon früh in der Geschichte des Internets auf die Idee gekommen ist, aussagekräftigere Adressen zu verwenden. Zu jeder Adresse gibt es ein für Menschen besser verständliches Gegenstück. Verwaltet werden diese Adresszuordnungen von den sogenannten **Nameservern**. Man könnte auch sagen, zu jeder Internet-Adresse gehört ein Name. Dieser Name ist für einen Menschen sicherlich einfacher zu merken als die eigentliche Adresse. Während die Menschen also bevorzugt mit verständlichen Namen arbeiten können, verständigen die Rechner untereinander sich mit den numerischen Codes.

Wenn Sie also `http://www.werner-mustermann.de` in die Adresszeile eintragen, leitet der Server Ihres Providers diese Anfrage an einen Nameserver weiter, der nachschlägt, welche numerische Adresse zu diesem Namen gehört. Entsprechend wird Ihre Anfrage dann an den dazugehörigen Rechner weitergeleitet.

Von diesen Vorgängen bekommen Sie gar nichts mit; im Fenster Ihres Browsers erscheint nur eine andere Webseite. Versuchen Sie dies jetzt einmal mit der Adresse `http://www.voggenreiter.de`. Sie sollten jetzt auf der **Homepage** (sozusagen der Heimatadresse) des Voggenreiter Verlages landen.

Um sinnvoll mit Adressen arbeiten zu können, müssen Sie natürlich den prinzipiellen Aufbau einer Internet-Adresse verstehen.

Eine Internet-Adresse hat vier Bestandteile, die hier am Beispiel des Voggenreiter Verlages (in dem dieses Buch erscheint) erklärt werden sollen. Seine Adresse ist:

`http://www.voggenreiter.de`

Protokoll	Rechner	Sub-Level-Domain	Top-Level-Domain
http://	www.	voggenreiter.	de

Diese Adresse beginnt mit der Abgabe des Protokolls: HTTP ist eines der üblichen Internet-Protokolle, dem Sie auf Ihren Streifzügen noch häufiger begegnen werden.

Hinweis: Sofern es sich um das Protokoll HTTP handelt, wird dies der Einfachheit halber oft weggelassen und nur der folgende Teil der Adresse genannt, also z. B.: `www.voggenreiter.de`.

Der Teil der Adresse bis zum nächsten Schrägstrich gibt die Hierarchie an, mit welcher dieser bestimmte Rechner gefunden werden kann. Dieser Teil der Adresse ist von unten nach oben organisiert; die Top-Level Domain ist die oberste Hierarchie-Ebene. In diesem Fall verweist das Kürzel *de* auf einen Anbieter in Deutschland. Weitere wichtige Kürzel sind z. B.:

at	Österrreich	com	commercial (gewerbliche Anbieter)
ch	Schweiz	net	Netzwerkbetreiber
fr	Frankreich	edu	educational (Bildungseinrichtungen)
uk	Großbritannien	gov	government (Regierung, in diesem Fall die US-Regierung)
nl	Niederlande	org	nicht kommerzielle Organisationen

Links von der Top-Level-Domain finden Sie den Namen des Anbieters, in diesem Fall des Voggenreiter Verlages; es kann hier aber auch ein reiner Fantasie-Name stehen. Noch weiter links finden Sie den Rechnernamen, im obigen Beispiel ist das der WWW-Rechner des Voggenreiter Verlages.

Die meisten Firmen und Institutionen achten darauf, ihre Adresse möglichst so zu wählen, dass sie einfach zu finden sind. In den meisten Fällen können Sie durch Raten bereits Ihr Ziel erreichen. Sie finden beispielsweise die Homepage des Synthesizer-Herstellers Korg unter `http://www.korg.com`. Wenn Sie diese Adresse in der Adresszeile Ihres Browsers eintragen, landen Sie automatisch dort.

URL ist die Abkürzung von **U**niform **R**esource **L**ocator und gibt an, wo sich ein Dokument im Internet befindet.

Die URL enthält das verwendete Protokoll, den Rechnernamen und den Verzeichnispfad auf diesem Rechner und schließlich den Dateinamen (z. B. `http://www.voggenreiter.de/buecher/index.htm`). Oft wird eine Internetadresse als URL bezeichnet, obwohl sie eigentlich nur ein Teil einer URL ist.

Hyperlinks

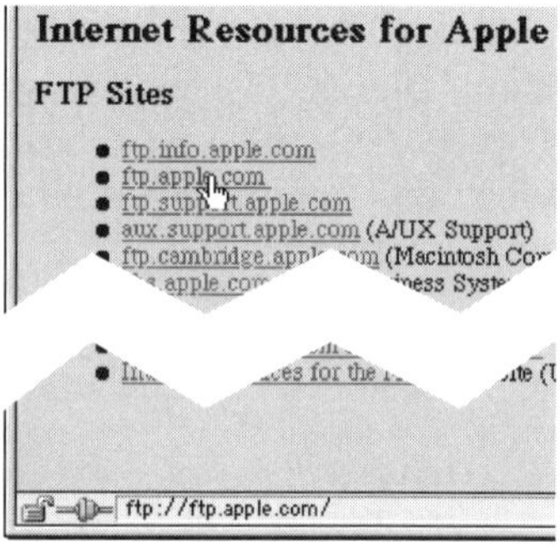

Zeigehand und Fußleiste bei Textlinks

Neben der Eingabe einer bekannten Adresse gibt es noch eine weitere wichtige Möglichkeit, sich im Internet zu bewegen, die sogenannten Hyperlinks. Hyperlinks (oder kurz: Links) funktionieren folgendermaßen: Die meisten Webseiten enthalten anklickbare Bereiche. Sie erkennen diese Bereiche immer daran, dass sich beim Überfahren mit der Maus der Cursor in eine „Zeigehand" verwandelt. Diese Hand zeigt an: Hier geht es weiter auf eine andere Webseite. Die Fußleiste des Fensters zeigt meist das Ziel des Links an.

Das funktioniert sowohl bei Text als auch bei Bildern. Hyperlinks in Texten erkennen Sie häufig an einer anderen Textfarbe. Diese Textstellen sind meist unterstrichen.

Hyperlinks verweisen auf eine andere Webseite (manchmal auch auf andere Dateien). Wenn Sie auf den Hyperlink klicken, werden Sie automatisch zu dieser weitergeleitet. Diese Datei kann auf demselben Rechner liegen oder auf der anderen Seite der Erde.

Stellen Sie sich eine Bibliothek mit einem Bibliothekar vor, der alle seine Bücher auswendig kennt und Ihnen bei Fragen immer sagen kann, in welchem Buch Sie weitere Informationen finden können; oder denken Sie an die Querverweise im Lexikon, um eine ungefähre Vorstellung von den Möglichkeiten der Hyperlinks zu bekommen. Im Gegensatz zu diesen eher „traditionellen" Methoden funktionieren Hyperlinks allerdings vollkommen automatisch; Sie brauchen nicht im Buch zu blättern oder den Bibliothekar zu befragen, diese Arbeit hat schon jemand für Sie erledigt. Sie klicken einfach auf den Hyperlink und landen automatisch an einer ganz anderen Stelle. Auf diese Art können Sie sich im Internet von Information zum Information „hangeln", auf eine Weise, die mit traditionellen Methoden nicht möglich wäre.

Probieren Sie jetzt einfach einige Hyperlinks aus. Sie können mit den Tasten *vorwärts* und *rückwärts* Ihres Browsers jederzeit zu interessanten Seiten (die Sie bereits gesehen haben) zurückkehren, auch das mehrmalige Verwenden dieser Tasten ist möglich.

Bookmarks / Favoriten

Wenn Sie verschiedene Webseiten besucht haben, wollen Sie wahrscheinlich einige davon in eine Art Adressbuch aufnehmen, um Sie bei Bedarf jederzeit schnell ansehen zu können, ohne jedesmal die ganze Adresse einzutippen.

Sowohl der Internet Explorer als auch der Netscape Communicator verfügen über ein solches Adressbuch; beim Explorer heißt es **Favoriten**, beim Communicator **Bookmarks** (Lesezeichen). Bei beiden Programmen können Sie interessante Websites in diese Liste aufnehmen und bei Bedarf einfach wieder aufrufen, diese Adressbücher können sogar exportiert und auf ein Wechselmedium (z. B. eine Diskette) gespeichert werden, so dass Sie interessante Adressen an Freunde oder Bekannte weitergeben können.

Download

Neben dem reinen Surfen zu Informationszwecken besteht natürlich auch die Möglichkeit, Daten aus dem Internet auf die lokale Festplatte Ihres Rechners zu transferieren. Dabei kann es sich um Texte, Bilder und Grafiken oder sogar ausführbare Programme handeln. Einen solchen Datentransfer von einem Internet-Rechner auf Ihren Computer zuhause nennt man **Download**.

Diese werden meist durch Links gestartet. Dieser Link verweist dann nicht auf eine Webseite, sondern auf eine Datei. Klicken Sie auf diesen Link, beginnt Ihr Computer automatisch, diese Datei abzurufen und auf Ihrer Festplatte zu speichern.

In einer Statuszeile oder einem kleinen Statusfenster sehen Sie den Fortschritt des Downloads.

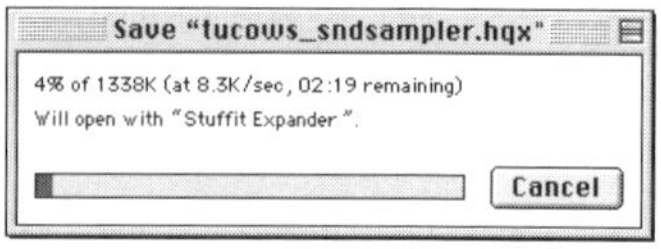

Banner

Ein Banner ist eine Werbeeinblendung auf einer Webseite, oftmals schön bunt und animiert und fordert Sie meistens dazu auf, an einer bestimmten Stelle zu klicken. Diese Stelle ist ein Hyperlink und prompt landen Sie auf der Homepage eines virtuellen Staubsaugerverkäufers (Sie wissen, was ich meine).

Dazu müssen Sie Folgendes wissen: Eine Webseite zu gestalten und regelmäßig zu warten ist Arbeit und kostet deshalb Geld. Viele der Homepages im Internet werden von Leuten betreut, die sich für ein besonderes Thema interessieren und deren Webseite von einem Sponsor finanziell unterstützt wird. Im Gegenzug präsentiert der Sponsor auf dieser Seite seine Werbung; der Besitzer der Webseite wird nach den Besucherzahlen oder sogar der Anzahl der Klicks auf das Werbe-Banner bezahlt. Viele Internet-Seiten würde es ohne diese Form des Sponsoring gar nicht geben.

Natürlich dienen viele Seiten im Internet auch einfach dem Ziel, möglichst viele Besucher anzulocken. Die Methoden, mit denen das erreicht werden soll, sind oft zweifelhaft. Es gibt Browser-Plug-Ins und Programme, die Werbung und Banner aus einer Internet-Seite herausfiltern können; die Ergebnisse dieser Programme sind aber oft mehr als mangelhaft, da sich die Programmierer von Werbe-Bannern natürlich auf die Fähigkeiten solcher Software einstellen.

Cookies

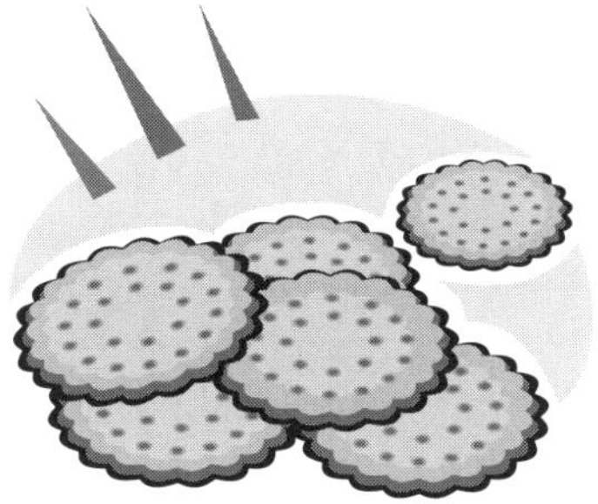

Ein weiteres Thema, mit dem Sie sich unbedingt befassen sollten, sind die sogenannten **Cookies** (engl. Kekse). Wenn Sie Ihren Browser in der Standardeinstellung verwenden, haben Sie wahrscheinlich von Cookies noch nie etwas bemerkt.

Die Idee der Cookies stammt von der Firma Netscape: Wenn Sie zum Beispiel bei einem Versandhaus im Internet Ihren Warenkorb füllen, aber heute noch gar nichts kaufen, wäre es doch praktisch, wenn sich bei Ihrem nächsten Besuch in zwei Wochen der Rechner des Kaufhauses noch an Ihre Bestellung „erinnern" würde, oder? Dafür waren Cookies ursprünglich gedacht:

Der Internet-Rechner, mit dem Sie gerade kommunizieren, legt in einem festgelegten Verzeichnis eine kleine Datei auf **Ihrer** Festplatte ab, was Sie im Normalfall gar nicht bemerken. Diese Datei ruft der Rechner wieder ab, wenn Sie sich das nächste Mal einloggen.

Sie ahnen es schon: In einer Cookie-Datei kann der angerufene Rechner natürlich auch noch ganz andere Daten ablegen, zum Beispiel, welche Dateien auf diesem Rechner Sie sich wie oft angesehen haben usw. Viele dieser Daten wollen Sie wahrscheinlich nicht gespeichert haben, und dagegen gibt es nur eine einzige Gegenmaßnahme: Cookies abschalten! Dies können Sie zum Glück bei allen Browsern im laufenden Betrieb tun; Sie brauchen also den Browser nicht zu verlassen oder neu zu starten. Beim Internet Explorer wählen Sie *Extras/Internet-*

optionen und das Register *Sicherheit*, um die Einstellungen für Cookies zu ändern; beim Netscape Communicator finden Sie die entsprechenden Einstellungen unter *Edit/Preferences/Advanced*.

Sie können den Browser auch so einstellen, dass er Sie darauf hinweist, dass gerade ein Cookie gespeichert werden soll und Ihnen von Fall zu Fall die Möglichkeit gibt, dem zuzustimmen oder nicht. In einigen Fällen (wie dem oben erwähnten Warenkorb) können Cookies tatsächlich einen Sinn haben; in den meisten Fällen sollten Sie aber keine Cookies zulassen.

8. E-Mail

Neben dem eigentlichen Surfen bietet das Internet aber noch zahlreiche weitere interessante Möglichkeiten. Eine der wichtigsten ist das Verschicken und Empfangen von **E-Mails**.

E-Mail ist die Abkürzung von **E**lectronic **Mail**, also „elektronische Post" und funktioniert im Prinzip genauso wie die „normale Post" – allerdings mit ein paar kleinen wichtigen Unterschieden.

Aber von vorne: Wenn Ihr Provider Ihnen eine E-Mail-Adresse zuteilt, dann ist diese Adresse weltweit einmalig. Sie können unter dieser Adresse von jedem ans Internet angeschlossenen Rechner erreicht werden und Ihrerseits an jede Ihnen bekannte Adresse eine E-Mail schicken. Der große Vorteil gegenüber dem Postweg: Die Übermittlung einer E-Mail dauert nur Sekunden und kostet ein paar Pfennige. Und direkt die zweite gute Nachricht: Obwohl es spezielle Software für das Empfangen und Verschicken von E-Mails gibt, ist diese nicht unbedingt nötig, da sowohl der Internet Explorer als auch Netscapes Communicator alle wichtigen E-Mail-Funktionen beeinhalten.

Im Grunde genommen ist eine E-Mail eine einfache Textnachricht. Es gibt aber die Möglichkeit, andere Daten (Grafiken, Bilder, Midi-Files, Programme und Klänge) als „Anhängsel" oder **Attachment** an eine E-Mail anzuhängen. Sie können also problemlos einen Geburtstagsglückwunsch zusammen mit einer kleinen Grafik verschicken oder dem Brief an die Verwandten in Kanada das neueste Familienfoto beifügen. Je länger das Attachment und damit Ihre gesamte Mail, desto länger dauert natürlich die Übertragung. Außerdem haben die meisten Provider Obergrößen für E-Mails, denn Speicherplatz kostet Geld. Kleine Faustregel: Text braucht sehr wenig Speicherplatz, Grafiken deutlich mehr, Bilder und Ton am meisten.

TIPP! Um Telefongebühren zu sparen, können Sie übrigens Ihre E-Mails **offline** schreiben (wenn Sie also nicht mit dem Internet verbunden sind), anschließend eine Verbindung zum Internet aufbauen (man sagt auch: **online gehen**) und dann innerhalb von Augenblicken (und zum Preis einiger Telefonsekunden) die gesamte Wochenkorrespondenz abschicken.

Genauso wie reale Adressen mit Name, Stadt, Straßennamen und Hausnummer bestehen auch E-Mail-Adressen aus bestimmten Bestandteilen, die dem Eingeweihten einige Informationen geben: Wenn Sie einige E-Mail-Adressen genauer betrachten, wird Ihnen wahrscheinlich das Zeichen @ aufgefallen sein. Dieses Zeichen wird im englischen „at" ausgesprochen und im deutschen Sprachraum manchmal als „Klammeraffe" bezeichnet. Es trennt zwei wichtige Bestandteile der Adresse.

Rechts vom @ steht der Name des Anbieters, der Ihnen das Postfach zur Verfügung stellt. Sind Sie z. B. Kunde von T-Online, lautet Ihre Adresse beispielsweise `mustermann@t-online.de`. Links vom @ steht der Inhaber des elektronischen Briefkastens. Hier kann der wirkliche Name, aber auch ein Pseudonym, eine Ziffernkombination oder ein Spitzname stehen. Diesen Namen können Sie normalerweise frei wählen (die sogenannte Alias-Adresse). Groß- und Kleinschreibung ist dabei egal.

Die wichtigsten Bestandteile einer E-Mail: Wir verwenden hier als Beispiel den Netscape Communicator, die Vorgehensweise mit dem Internet Explorer ist jedoch ähnlich. Starten Sie Ihren Browser und rufen Sie die E-Mail-Funktion auf, beim Communicator dient hierzu unter anderem das kleine Briefkastensymbol unten rechts.

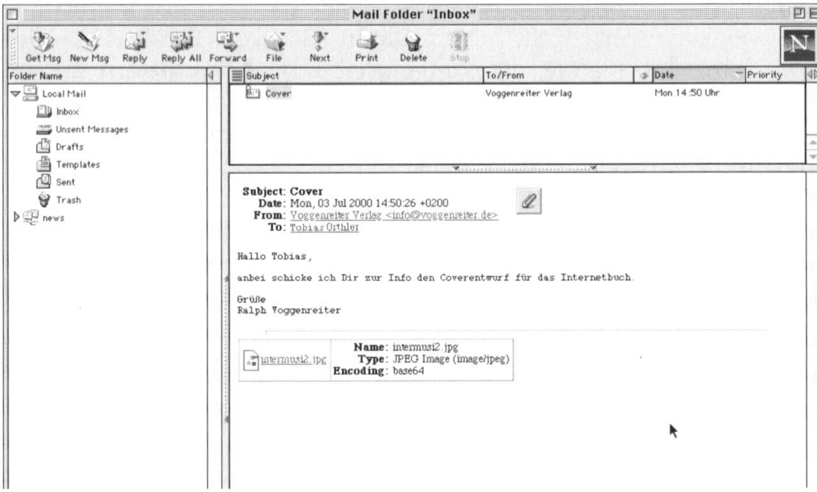

Der Messenger (die E-Mail-Abteilung des Communicators)
Es ist die „Inbox" angewählt, die eingegangenen Mails werden mit Attachments gezeigt.

Möchten Sie **eine Nachricht verfassen**, wählen Sie *New Mail* aus. In dem sich öffnenden Fenster sind drei Angaben wichtig.

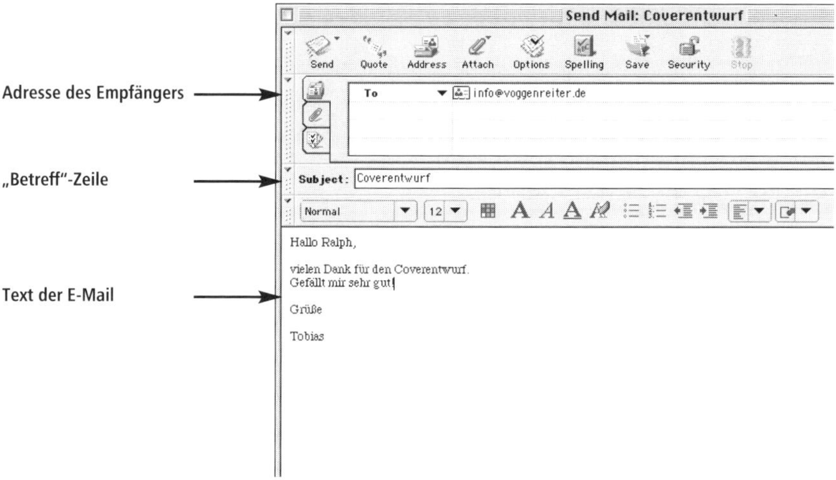

Das Schreiben einer E-Mail

Drei Felder sollten Sie ausfüllen:

1. die vollständige Adresse des Empfängers.
2. das Betreff/Subject-Feld ist für den Adressaten sehr nützlich, da er bereits vor dem Öffnen der Mail sehen kann, worum es geht.
3. den eigentlichen Text Ihres Briefes; hier können Sie nach Herzenslust eintippen.

Wenn Sie damit fertig sind, klicken Sie auf die Schaltfläche *Send* und innerhalb weniger Sekunden kann Ihre E-Mail bereits auf der anderen Seite der Welt sein. Die Antwort kann natürlich trotzdem einige Stunden dauern, je nachdem, welche Tageszeit gerade in der Zeitzone des Adressaten ist, wie oft er seinen elektronischen Briefkasten leert und wann er Zeit für eine Antwort findet usw. Aber keine Sorge, deutlich schneller als die normale Post ist E-Mail in jedem Fall.

Möchten Sie **eine Datei an Ihre Mail anhängen**, etwa ein kleines Foto, eine Grafik oder eine bereits vorhandene Textdatei, so wählen Sie einfach die Schaltfläche bzw. den Menüpunkt *Attach* (Anhängen o. ä. je nach Programm) und laden Sie mit der Auswahlbox die jeweilige Datei.

Um Ihre Mails abzurufen, können Sie die Schaltfläche links oben (*Get Message*) verwenden. Fast alle Mail-Programme bieten diese zentrale Funktion in Form eines Knopfes.

Sie werden dann aufgefordert, Ihr Passwort einzugeben und bekommen danach Ihre Post.

Übrigens: Um E-Mail zu empfangen, muss Ihr Rechner weder online noch eingeschaltet sein, denn Ihr elektronischer Briefkasten wird auf dem Rechner Ihres Providers verwaltet und erst bei Bedarf – das heißt, wenn Sie ihn abrufen – auf Ihren Rechner übertragen. Auch das funktioniert ähnlich wie bei der Briefpost: Sie müssen ja auch nicht wach sein, damit der Briefträger Post in Ihren Briefkasten werfen kann; allerdings müssen Sie die Post, um Sie zu lesen, erst einmal aus dem Briefkasten holen und die Briefe öffnen.

Achtung! Die meisten Provider haben Obergrenzen, bis zu denen Sie Ihre Post für Sie lagern ...

9. FTP

FTP ist ein weiterer wichtiger Internet-Dienst, mit dem Sie früher oder später in Berührung kommen werden. FTP ist die Abkürzung von **F**ile **T**ransfer **P**rotocol (Dateiübertragungsprotokoll) und basiert auf dem allgemein üblichen TCP/IP. Über eine FTP-Verbindung können Sie Texte, Bilder, Programme, Ton- oder Videodaten von einem anderen Rechner empfangen oder an diesen senden (sogenannter **Upload** im Gegensatz zum **Download**). Der Rechnertyp oder das verwendete Betriebssystem spielen dabei keine Rolle.

Das wichtigste Merkmal von FTP ist die strikte Trennung von Kontroll- und Datenverbindung. Das bedeutet, dass zwischen den beteiligten Rechnern zuerst eine Kontrollverbindung aufgebaut wird. Über diese Verbindung melden Sie sich beim Server an, der Server klärt Ihre Identität und entscheidet über Ihre Zugriffsrechte. Erst danach kann man Daten versenden bzw. abrufen. Dies erfolgt allerdings über eine andere Verbindung, die **Datenverbindung**. Durch die strikte Trennung zwischen Kontroll- und Datenverbindung sind FTP-Server relativ sicher vor Manipulationen von aussen geschützt.

Große FTP-Server werden meistens von Unternehmen oder Organisationen für ihre Mitarbeiter und Kunden betrieben. Auf diesen Servern befinden sich häufig auch Daten, die nicht für jedermann zugänglich sein sollen. Eigene Mitarbeiter oder besonders berechtigte Personen können über eine Benutzerkennung und ein Passwort auf diese Bereiche des Rechners zugreifen.

Die öffentlichen Bereiche dieser Server sind über das sogenannte **Anonymous-FTP** zugänglich. Dies bedeutet einfach, dass Ihr Benutzername „Anonymous" lautet und Sie als Passwort Ihre E-Mail-Adresse oder „Anonymous" verwenden können.

Sie haben wahrscheinlich mit Ihrem Browser bereits einen FTP-Server besucht, ohne dies direkt zu erkennen, da viele Hyperlinks im Internet auf FTP-Server weisen. Dass Sie sich auf einem FTP-Server befinden erkennen Sie unter anderem daran, dass sich das `http://` in der Adresszeile Ihres Browsers in ein `ftp://` verwandelt. Mit der Eingabe `ftp://ftp.servername.com` können Sie einen Ihnen bekannten FTP-Server auch direkt anwählen.

Unabhängig vom gewählten Verfahren landen Sie bei den meisten FTP-Servern automatisch zuerst im öffentlichen Bereich. Dieser sieht ein wenig anders aus, als Sie es von „normalen" Webseiten gewohnt sind:

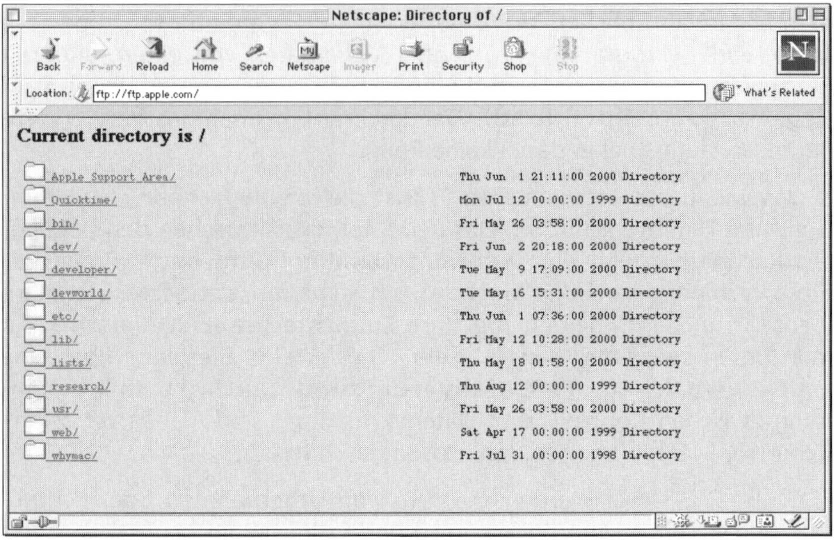

Ein FTP-Server der Firma Apple

Es handelt sich hier um eine hierarchisch geordnete Liste der Ordner und Dateien. Dies ist Ihnen im Prinzip von der Arbeit mit dem Windows-Explorer oder dem Macintosh-Finder vertraut. Genau wie auf Ihrem Rechner zuhause können Sie hier Ordner öffnen, um sich ihren Inhalt anzusehen.

Die Ordnernamen sind Standardbezeichnungen aus der Unix-Welt, die Kürzel verraten meist schon etwas über ihren Inhalt (der Ordner *bin* enthält Binärdateien; der Order *pub* (= public) öffentlich zugängliche Daten usw.).

Häufig befindet sich bereits im Hauptverzeichnis eine Datei mit dem Namen READ ME oder einem ähnlichen Titel. In dieser Datei finden Sie die Richtlinien des betreffenden Servers; lesen Sie diese Datei und halten Sie sich daran. Falls der Server ausser dem Download auch einen Upload gestattet (Upload bedeutet, dass Sie dem **Server** Daten schicken, die normalerweise in einem Verzeichnis mit Namen *Upload* oder *Incoming* gespeichert werden.) finden Sie hier auch Angaben über die akzeptierten Daten. Gewissenhafte Administratoren überprüfen übrigens die eingehenden Daten und stellen sie erst anschließend der Allgemeinheit zur Verfügung.

FTP-Software

Wenn Sie relativ häufig Daten von FTP-Servern downloaden, kann es sich lohnen, statt Ihres normalen Browsers ein spezielles FTP-Programm (einen sogenannten *FTP-Client*) zu verwenden. Obwohl die großen Browser alle benötigten Standardfunktionen bieten, ist FTP-Software doch in vielen Fällen wesentlich komfortabler. Bei der Installation eines FTP-Clients müssen Sie meist wieder einmal einige Angaben machen und Registerkarten ausfüllen; auf diese Schritte soll hier nicht im einzelnen eingegangen werden.

Übrigens sind so gut wie alle FTP-Programme Shareware- oder sogar Freeware-Programme. Die bekanntesten FTP-Client-Programme dürften *CuteFTP* für Windows und *Fetch* oder *Anarchie* für den Apple Macintosh sein. Hier die Adressen:

CuteFTP	`http://www.cuteftp.com`
Fetch (Mac)	`http://www.dartmouth.edu/pages/softdev/fetch.html`

Weitere FTP-Software finden Sie unter:

Tucows	`http://www.tucows.com`
Shareware	`http://www.shareware.com`

Oder speziell für den Macintosh:

Utexas mac archive	`http://wwwhost.ots.utexas.edu/mac`

Dateikomprimierung

Das größte Problem für den FTP-Neuling ist meistens, dass die Dateien auf einem FTP-Server aus Platzgründen komprimiert sind und deshalb völlig unbekannte Dateiendungen tragen. Komprimierte oder „verpackte" Dateien werden auch *Archive* genannt und müssen nach dem Download noch „entpackt" werden, weshalb Sie sich früher oder später ein Entpackungsprogramm besorgen sollten. Eines der meistverwendeten solchen Programme ist unter Windows das Programm *WinZip*, beim Macintosh das Programm *StuffIt* in einer seiner Varianten. Beide Programme finden Sie bei den gängigen Software-Sammlungen im Internet. Die folgenden Dateiendungen werden Ihnen bei komprimierten Dateien häufiger begegnen:

Dateiendung	**Betriebssystem**
arc, zip, exe (selbstentpackend)	Windows und Dos
gz, tgz, z, tz	Unix
hqx, bin, sit.hqx, sit, sea (selbstentpackend)	Apple

Der Hinweis „selbstentpackend" bei der Dateiendung *exe* (Windows und DOS) und *sea* (Macintosh) bedeutet, dass es sich um **ausführbare Programme** handelt. Das Entpackungsprogramm ist hier ein Teil des Archivs; durch einen Doppelklick wird das Archiv entpackt, dafür muss auf dem Rechner **kein** Entpackungsprogramm installiert sein.

Wenn ein Verzeichnis Sie interessiert, sollten Sie zuerst auf dessen oberster Ebene nach einer Text-Datei (Endung meistens: *txt*) oder einem HTML-Dokument (Endung: *html*) suchen. Auf einem gut organisierten FTP-Server finden Sie in diesem Dokument eine kurze Beschreibung des Verzeichnisinhaltes, eventuell sogar mit einer Beschreibung der einzelnen Dateien.

Mirror-Server

Viele FTP-Server sind sogenannte **Mirrors** (Spiegel). Das bedeutet, sie halten Kopien anderer Server bereit (sie „spiegeln" andere Server). Dadurch kann man sich einen FTP-Server in der Nähe des eigenen Wohnortes aussuchen.

Oft ist es aus Gründen der sicheren Datenübertragung empfehlenswert, einen großen Mirror-Server innerhalb Europas auszusuchen, denn wenn bei einem längeren Download plötzlich eine uralte Telefonleitung auf den Stillen Antillen zusammenbricht, ist das zumindest sehr ärgerlich.

10. Internet-Fax

Mit Ihrem Web-Browser oder per E-Mail können Sie auch Faxe verschicken und empfangen – sogar ohne selbst ein Faxgerät zu besitzen. Für die Nutzung eines reinen Internetfax-Dienstes brauchen Sie einen sogenannten Fax-Provider. Dieser Provider stellt ähnlich wie Ihr Internet-Provider eine Art „Brücke" zur Verfügung; in diesem Fall vom Internet zum Telefon/Fax-Netz.

Das Prinzip ist folgendes: Auf der Homepage des Fax-Providers (oder mit Ihrem Mail-Programm zuhause) füllen Sie ein Fax-Formular aus; dieses Formular wird vom Fax-Provider über das Internet an einen Server in der Nähe des Wohnortes des Empfängers übermittelt und nimmt erst von dort aus den „normalen" Weg eines Faxes.

Besonders bei Faxen ins Ausland kann dieses Verfahren eine Menge Geld sparen. Auch der Empfang von Faxen ist über eine eigene Nummer möglich, die Ihnen der Fax-Provider nach der Anmeldung zuteilt – unabhängig davon, ob Ihr eigener Rechner gerade online oder auch nur eingeschaltet ist. Genau wie Ihr E-Mail-Dienst verwaltet auch hier der Provider einen „Briefkasten". Eingehende Faxe erhalten Sie normalerweise als an eine E-Mail angehängte Bilddatei, die mit jedem Browser geöffnet und ausgedruckt weden kann. Zwei bekannte Fax-Provider sind:

JFax (kostenpflichtig)	`http://www.jfax.com`
TPC (Gratisdienst)	`http://www.tpc.int`

Auch der Online-Dienst AOL (`http://www.aol.de`) bietet übrigens diesen Service an. Die folgende kleine Übersicht verschiedener Fax-Dienste ist selbstverständlich ohne Anspruch auf Vollständigkeit.

Mailversand an ein Faxgerät

Faxsav (kostenpflichtig)	`www.faxsav.com`
Faxaway (kostenpflichtig)	`www.faxaway.com`
Outfax/Infax (kostenpflichtig)	`www.interpage.net`
Uniterra (kostenpflichtig)	`www.uniterra.com`

Faxe an eine Mailadresse versenden

3Box (kostenpflichtig)	`www.3box.de`
Commit (Gratisdienst)	`www.commit.de`
smartmessage (kostenpflichtig)	`www.smartmessage.de`
VLFbox (Gratisdienst)	`www.vlf.net`
Webbox (Gratisdienst)	`www.webbox.de`

Hinweis: Auch die sogenannten „Gratisdienste" sind nicht wirklich umsonst, sondern finanzieren sich über Werbung. Sie werden also auf jedem mit diesen Diensten verschickten Fax eine mehr oder weniger interessante Werbebotschaft finden. Davon bleiben Sie bei den kommerziellen Diensten verschont; diese bieten zumeist auch noch weitere Zusatzleistungen.

11. Passwörter

Für viele Vorgänge im Internet werden Sie ein Passwort benötigen: für die Einwahl bei Ihrem Provider, für das Abfragen Ihrer E-Mails, den Einkauf bei Ihrem Online-CDshop, für das Online-Banking und vieles mehr.

Ihr Passwort ist Ihre persönliche Kennung, Ihr „Ausweis“ und sollte ausschließlich Ihnen bekannt sein.

Ein anderer Mensch kann mit der Kenntnis Ihres Passwortes absichtlich oder aus Versehen eine Menge Schaden anrichten. Deshalb ist es wichtig, Ihr Passwort möglichst sicher zu gestalten. Für die missbräuchliche Verwendung Ihres Passwortes haften Sie übrigens normalerweise selbst. In den meisten Fällen können Sie Ihr Passwort innerhalb gewisser Grenzen völlig frei gestalten, machen Sie regen Gebrauch von dieser Möglichkeit.

Hier einige Grundregeln für den Umgang mit Passworten:

1. Teilen Sie Ihr Passwort niemandem mit.
2. Wechseln Sie Ihr Passwort oder Ihre Passwörter in unregelmäßigen Abständen.
3. Notieren Sie Ihr Passwort nicht und speichern Sie es niemals ab.
4. Verwenden Sie als Passwort niemals die Namen Ihrer Familienmitglieder, des Partners, Ihrer Kinder oder Haustiere, Ihr Hobby oder Ihren Lieblingsfilm. Auch bekannte Zitate eignen sich nur bedingt als Passwort.
5. Vermeiden Sie ebenso wichtige Daten (wie beispielsweise den Hochzeitstag oder den eigenen Geburtstag) als Passwort. Vermeiden Sie Zahlenkombinationen wie 1234567 oder 1111111.

6 Vermeiden Sie sinnvolle Wörter. Kombinieren Sie Groß- und Kleinschreibung, Zahlen und Buchstaben und verwenden Sie Sonderzeichen.

7 Geben Sie niemals an einem fremden Rechner Ihr Passwort ein (es gibt Programme, die unbemerkt die gedrückten Tasten protokollieren).

Ein gutes Passwort ist z. B. eine völlig sinnfreie Kombination von Zahlen und Buchstaben. Sie können dieses Passwort aus einem normalen Wort bilden oder ganz „bei Null" anfangen. Der Start mit einem „normalen" Wort macht es meistens einfacher, sich das Ergebnis zu merken, andererseits ist bei einer völligen Kunstschöpfung die Wahrscheinlichkeit, dass Unbefugte Ihr Passwort durch einfaches Raten finden können, noch geringer.

Wenn Sie Ihr Passwort nicht auswendig lernen wollen oder können und unbedingt irgendwo aufschreiben müssen, notieren Sie es an unauffälliger Stelle und schreiben Sie niemals dazu, worum es sich handelt (niemand wird freiwillig nach einer sinnlosen Zeichenkette in einer 10 Jahre alten Steuererklärung oder im Stapel der Baumarktrechnungen suchen ...)

12. Computerviren

Wenn Sie Software aus dem Internet downloaden, gibt es ein weiteres Thema, mit dem Sie sich (leider!) befassen sollten: Viren. Ein Virus ist ein Programm, welches in anderen Programmen oder Dateien versteckt wird, und so unbemerkt auf Ihren Rechner gelangt, wo es abhängig von seiner Programmierung unter Umständen schweren Schaden anrichten kann. Programme oder sogar ganze Rechner sind also mit diesem Programm „infiziert", daher auch der Name Virus. Wie die „echten" Viren hat auch ein Computervirus meistens zwei Hauptziele: sich zu vermehren und Schaden anzurichten.

Genauso wie Sie aus Ihrem Urlaub unbemerkt eine tropische Krankheit mitbringen können, die Sie anschließend für einige Wochen ins Krankenbett bringt, können Sie Ihren Computer auch bei Ihren Streifzügen durchs Internet „infizieren". Und genauso wie bei den menschlichen Krankheiten gibt es auch bei den Computerviren harmlose Varianten, bei denen Sie mit dem Schrecken davonkommen; und bösartige, welche schwere oder schwerste Schäden an Ihrem Rechner (und zwar an der Software **und** an der Hardware) verursachen können.

Es gibt zahllose Varianten von Computerviren und auch nur die wichtigsten zu besprechen, würde ganze Bände füllen; außerdem kommen – wiederum wie beim Menschen – jeden Tag neue hinzu. Trotzdem gibt es ein paar einfache Regeln, deren Befolgung das Risiko, sich einen Virus einzuschleppen, erheblich verringert (oder im schlimmsten Fall den Schaden begrenzt):

1. Die wichtigste Regel: Machen Sie regelmäßig Sicherheitskopien (sogenannte Backups) Ihrer wichtigsten Daten, oder besser noch – wenn Sie die Möglichkeit haben – Ihrer kompletten Festplatte. Machen Sie diese Kopien zu Zeitpunkten, zu denen der Rechner garantiert virenfrei ist, und archivieren sie, wenn möglich, ältere

Versionen. Das ist eine Menge Arbeit, aber wenn Sie viel am Rechner arbeiten, oder sogar Ihren Lebensunterhalt mit dem Computer verdienen, sollte es Ihnen das wert sein. Ein bösartiger Virus kann sonst innerhalb von Sekunden die Arbeit mehrerer Monate vernichten. Wenn Sie regelmäßige Sicherheitskopien anfertigen, können Sie in diesem Fall wenigstens auf den Stand von gestern oder letzter Woche zurückgreifen.

2 Laden Sie nur Software aus Ihnen vertrauten Quellen auf Ihren Rechner. Die beste Wahl sind die großen Anbieter, denn diese haben einen Ruf zu verlieren und achten meistens auf „Virenfreiheit" ihres Angebots. Verwenden Sie niemals Software, deren Herkunft Ihnen unbekannt ist, oder die Sie von einem Freund eines Bekannten des Bruders der Tante Ihres Schwagers bekommen haben – Sie verstehen, was gemeint ist.

3 Wenn irgend möglich, verwenden Sie ein Anti-Viren-Programm, einen sogenannten Virenscanner. Diese Programme gibt es als kommerzielle Software oder als Share- bzw. Freeware. Die meisten davon sind relativ günstig oder als Teil von Softwarepaketen zu erwerben, oft sind die ersten Updates (vgl. Punkt 4) bereits im Kaufpreis enthalten.

4 Wenn Sie einen Virenscanner verwenden, installieren Sie regelmäßig aktuelle Updates; denn auch diese Programme müssen erst „lernen" wie Sie ihn erkennen, wenn ein neuer Virustyp aufgetreten ist.

5 Geben Sie nur Dateien weiter, die ganz sicher nicht von einem Virus befallen sind, der Rest der computernden Welt wird es Ihnen danken.

6 Seien Sie besonders vorsichtig mit E-Mails deren Absender Sie nicht kennen. Angehängte Dateien können Viren enthalten. Im Zweifelsfalls öffnen Sie die Mail nicht, sondern löschen sie direkt. Der jeweilige Absender wird sich schon bei Ihnen melden, wenn es wirklich wichtig war. Trotz allem bleibt natürlich auch das Risiko, dass ein Freund Ihnen unbeabsichtigt eine Mail mit einem Virus schickt. Dagegen hilft dann nur ein Virenscanner. Deaktivieren Sie in Ihrem Mail-Programm die Option, die Attachments automatisch zu öffnen.

3 Wie finde ich etwas im Internet?

Wie finde ich etwas im Internet?

Es gibt zwei Hauptarten, sich durch das Internet zu bewegen:

1. **ziellos** (dem „Schaufensterbummel" vergleichbar). Sie hangeln sich von Hyperlink zu Hyperlink und lassen sich von den Ergebnissen überraschen oder

2. **zielgerichtet** auf der Suche nach einer ganz bestimmten Information.

So schön es auch sein mag, Hyperlinks zu klicken und sich von den Ergebnissen überraschen zu lassen, so werden Sie sich bald für die zielgerichtete Suche interessieren. Dabei werden Sie höchstwahrscheinlich **Webkataloge**, **Suchmaschinen**, **Meta-Suchmaschinen** und eventuell **Agenten** verwenden. Dies sind kleine „Helferlein" (man sagt auch Tools), welche Ihnen bei der Suche nach Informationen im Internet unterstützend zur Seite stehen. Jedes dieser Tools hat seine speziellen Vor- und Nachteile, auf die wir im Folgenden kurz eingehen wollen. Das erste dieser Tools ist der Webkatalog.

Das Internet hat bereits heute eine unvorstellbare Größe und wächst rasend schnell weiter. Wie viele Webseiten es genau gibt, weiß niemand, aber seriöse Schätzungen gehen zur Zeit von ungefähr 900 Millionen Webseiten auf mehr als 150 Millionen angeschlossenen Rechnern aus.

Damit Sie eine ungefähre Vorstellung haben: Wenn Sie die nächsten 50 Jahre Ihres Lebens dem Studium aller Webseiten widmen wollten, müssten Sie jeden Tag(!) weit über 40.000 Webseiten betrachten, um nach Ablauf der 50 Jahre jede bereits heute existierende Seite gesehen zu haben. Neue Webseiten könnten Sie hierbei selbstverständlich nicht berücksichtigen ...

In dieser Vielzahl von Webseiten eine bestimmte Information zu finden, gleicht ohne Hilfe der berühmten Suche nach der Nadel im Heuhaufen. Hinzu kommt noch, dass das Internet eine Art „lebendes" System darstellt – jeden Tag verschwinden oder veralten Webseiten, dafür kommen neue oder aktuellere hinzu; Namen und Adressen können sich ändern usw.

1. Webkataloge

Auf Ihren Streifzügen durch das Internet haben Sie sich wahrscheinlich mittlerweile eine mehr oder weniger umfangreiche Sammlung Ihrer Lieblingsadressen angelegt, die in Ihrem Lesezeichen-Ordner verwaltet wird. (Früher oder später wird das passieren!) Diese Adressensammlung ist im Prinzip bereits ein kleiner Katalog. Von professionellen Katalogen unterscheidet sie sich vor allem durch Ihren Umfang und dadurch, dass sie nicht online (für andere Internetbenutzer) verfügbar ist. Außerdem verwenden Sie als Suchhilfe in diesem Katalog kein speziell dafür entwickeltes Programm, sondern eine einfache Hierarchie aus Ordner- und Dateinamen, Ihre Erinnerung und Ihre Augen.

Ein professioneller Katalog hingegen wird meistens von einem Redaktionsteam betreut, welches ständig Webseiten sammelt und in die entsprechenden Kategorien einsortiert. Einige Kataloge enthalten redaktionelle Kommentare und Bewertungen; bei den meisten gibt es auch eine Suchfunktion. Bei dieser Stichwortsuche werden allerdings nicht die tatsächlich katalogisierten Webseiten durchsucht, sondern eine kurze Inhaltsangabe der jeweiligen Seite. Manche Kataloge führen eine Stichwortsuche auch zuerst in Ihrem eigenen Index und anschließend im Internet durch – dadurch wird der Übergang vom Katalog zur Suchmaschine fließend.

Sie können sich einen Katalog also als eine große Sammlung von Links vorstellen, welche regelmäßig redaktionell betreut wird. Immer wenn die gesuchte Information sich nicht in wenigen Suchbegriffen genau umschreiben lässt, ist ein Katalog eine bessere Wahl als eine Suchmaschine.

Leider gibt es keinen Zentralkatalog aller Internetseiten (ihn zu verwalten und auf dem neuesten Stand zu halten wäre unmöglich), aber es gibt viele Anbieter, die einen Teil des Internets katalogisiert haben und online zur Verfügung stellen. Die Qualität und Aktualität dieser Kataloge kann sehr unterschiedlich sein, was zum großen Teil von den finanziellen Möglichkeiten der Anbieter abhängt. Einer der bekanntesten Webkataloge des deutschsprachigen Raumes ist der Klassiker Dino-Online (`http://www.dino-online.de`):

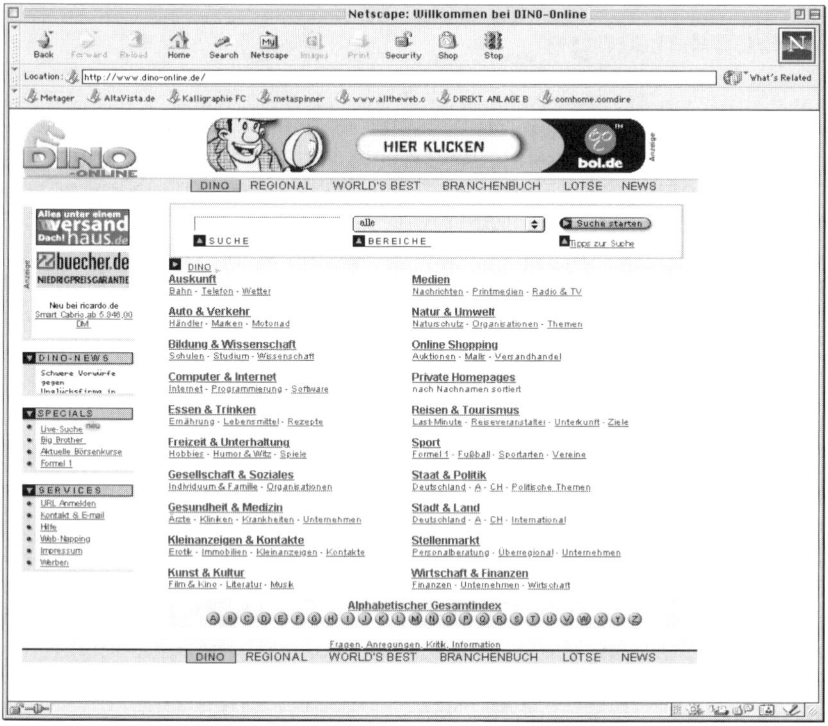

http://www.dino-online.de

Dieser (und alle ähnlichen Kataloge) sind genauso organisiert wie Sie wahrscheinlich auch Ihre eigenen Adressen verwalten: in Kategorien. Ein Katalog besteht aus Hauptkategorien, die in Unterkategorien unterteilt sind, welche wiederum Unterkategorien beinhalten usw. Auf der Suche nach einer bestimmten Information „hangeln" Sie sich von Kategorie zu Kategorie.

Sind Sie beispielsweise auf der Suche nach einem Musikinstrument, finden Sie bei Dino unter *Online Shopping > Versandhandel > Musik > Musikinstrumente* ein Verzeichnis von Musikalienhändlern mit Adressen und Hyperlinks zu den jeweiligen Homepages, so dass Sie sich direkt zum Musikalienhändler Ihrer Wahl „weiterverbinden" lassen können.

Hier sind einige der wichtigsten Internetkataloge:

Deutschsprachige Webkataloge

AOL Internet-Katalog	`http://www.germany.aol.com./netfind`
Web.de	`http://web.de`
Lycos Deutschland	`http://www.lycos.de`
Yahoo Deutschland	`http://www.yahoo.de`
Sharelook	`http://www.sharelook.de`
Allesklar	`http://www.allesklar.de`
Webindex	`http://www.webindex.de`
Bellnet	`http://www.bellnet.com`

Internationale Webkataloge

Encyclopedia Britannica	`http://www.britannica.com`
Yahoo	`http://www.yahoo.com`
Looksmart	`http://www.looksmart.com`
Snap	`http://www.snap.com`
Excite	`http://www.excite.com`
Bubl	`http://www.bubl.ac.uk`
GOD	`http://www.god.co.uk/`
Infoseek	`http://www.infoseek.com/`
Galaxy	`http://www.einet.net/`
Magellan	`http://www.mckinley.com/`

2. Suchmaschinen

Was aber, wenn die Katalogsuche nicht von Erfolg gekrönt war?

Immer wenn Ihre Suche in einem Katalog erfolglos geblieben ist, oder wenn Sie eine relativ klare Vorstellung davon haben, was Sie suchen, bietet sich der Einsatz einer Suchmaschine an.

Wie beim Webkatalog bildet auch bei der Suchmaschine eine umfangreiche Datenbank mit Links von Webseiten das „Rückgrat" des Dienstes. Diese Datenbanken werden automatisch von sogenannten **Robots** erstellt. Ein Robot (oder Spider, wegen seiner Suche im „Netz") ist ein Programm, welches selbstständig Server im Internet nach neuen Webseiten durchforstet und diese Seiten nach einer bestimmten Methode indiziert.

Die zur Indizierung verwendeten Methoden unterscheiden sich je nach Suchmaschine und sind ein wohlgehütetes Betriebsgeheimnis der jeweiligen Betreiber, da von ihrer Art und Qualität letzten Endes das Ergebnis einer Suche abhängt.

Bei der Anfrage an eine Suchmaschine durchsucht diese also nicht wirklich das gesamte Internet nach Ihrem Suchbegriff, sondern ihre eigene Datenbank, was in den meisten Fällen nur einige Sekunden dauert. Die gefundenen Ergebnisse werden nach der Auftretenshäufigkeit der Suchbegriffe sortiert angezeigt.

Das bedeutet, die Dokumente, welche die höchste Übereinstimmung mit Ihren Suchbegriffen haben, oder in denen die gesuchten Begriffe am häufigsten erwähnt werden, erscheinen zuoberst auf der Liste. Bei den meisten Suchmaschinen wird zusätzlich ein kleiner „Abstract" angezeigt, eine Art kurze Zusammenfassung des Seiteninhalts. Alle Suchergebnisse werden direkt mit einem Hyperlink zur gefundenen Seite präsentiert, so dass man mit einem einzigen Mausklick die Ergebnisse der Suche begutachten kann.

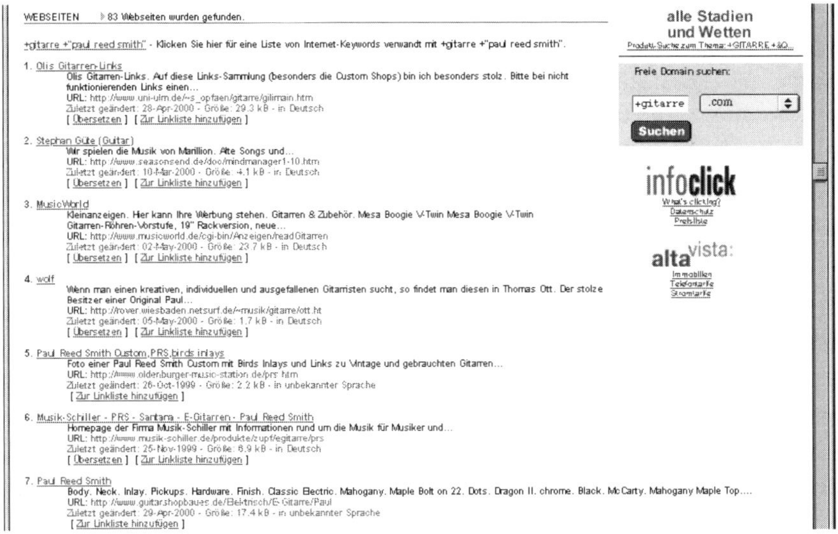

Ergebnisliste einer Suchmaschine (altavista)

In den meisten Fällen führt das Suchverfahren innerhalb einer Datenbank zu verwertbaren Ergebnissen, allerdings sind alle angegebenen Adressen im Moment der Anfrage ungeprüft (da ja nicht wirklich das Internet, sondern der Index der Suchmaschine durchsucht wird), so dass Sie durchaus auch ungültige Adressen erhalten können. Die Zuverlässigkeit einer Suchmaschine hängt unter anderem auch von der regelmäßigen Pflege der Datenbank ab.

TIPP! Wenn man mehrere Ergebnisse nacheinander überprüfen will, empfiehlt es sich, diese in einem zweiten Fenster im Browser zu öffnen, so dass man die Suchergebnisse immer gleichzeitig vor Augen hat.

Viele Suchmaschinen bieten nach Beendigung der Suche weitere Möglichkeiten an (insbesondere, wenn die Suche erfolglos verlief), um ein besseres Ergebnis zu erzielen. In verzweifelten Notlagen können Sie bei den meisten Suchmaschinen auch an menschliche Betreuer eine E-Mail mit Fragen schicken ...

Bei der Suche mit einer Suchmaschine müssen Sie einen oder mehrere Suchbegriffe eingeben. Dies können Titel, Schlagworte oder ganze Sätze sein. Fast alle Suchmaschinen gestatten Verknüpfungen mehrerer Suchbegriffe und wenn auch die Formulierungen unterschiedlich sein mögen, werden Sie doch denselben vier Verknüpfungsarten immer wieder begegnen:

UND/AND	Alle so verknüpften Begriffe müssen auf einer Seite vorkommen, damit sie angezeigt wird.
ODER/OR	Einer der verknüpften Begriffe muss auf einer Seite vorkommen, damit sie angezeigt wird.
AS A PHRASE	Ein vollständige Textphrase muss auf einer Seite vorkommen, damit sie angezeigt wird.
UND NICHT/AND NOT	Alle Begriffe müssen auf einer Seite vorkommen und der mit „und nicht" angeschlossene Begriff darf nicht vorkommen, damit sie angezeigt wird.

Es gibt einige einfache Grundlagen für die Suche mit einer Suchmaschine, deren Beachtung zu besseren Suchergebnissen führen kann:

1. Beachten Sie die Syntax (die Regel für den „Satzbau") der jeweiligen Suchmaschine. Diese Regeln werden normalerweise über einen Hyperlink auf der Startseite der Suchmaschine erklärt und beziehen sich auf die von der Suchmaschine akzeptierten Schreibweisen und Formulierungen. Viele Suchmaschinen verwenden beispielsweise die mathematischen Zeichen „+" und „-" für die Verknüpfung von Suchbegriffen.

Das bedeutet, dass Sie mit der Eingabe +*Garth* +*Brooks* -*Mel* Webseiten finden, auf denen es um Garth Brooks, nicht aber z. B. um Mel Brooks geht. Aber Vorsicht: Auch „Garth Brooks"-Seiten können irgendwo die Buchstabenfolge „mel" enthalten, z. B. in „Melody". Diese Seiten werden dann in der Ergebnisliste nicht angezeigt!
Meistens können Sie unter *Expertensuche* oder *Erweiterte Suche* Ihre Suchanfrage noch zusätzlich verfeinern und beispielsweise gezielt nach Bildern oder Links oder unterhalb einer bestimmten Top-Level-Domain suchen usw.

2 Die richtige Formulierung der Anfrage ist das Wichtigste und eine hohe Kunst. Je genauer Sie Ihre Suche eingrenzen und beschreiben können, desto bessere, aber auch weniger Ergebnisse werden Sie erhalten. Sind Ihre Suchbegriffe zu ungenau, erhalten Sie mehrere Millionen Ergebnisse, ist die Suche zu eingeschränkt, unter Umständen gar keins.

3 Verwenden Sie immer mehrere Synonyme (bedeutungsgleiche oder -ähnliche Varianten) desselben Wortes. Sollten Sie unter dem Begriff Klavier das Gesuchte nicht finden, versuchen Sie es mit Piano oder Keyboard. Häufig gibt es auch verschiedene Bezeichnungen für denselben Gegenstand, beispielsweise E-Zine und Webzine. Denken Sie auch daran, dass auf den meisten Webseiten englisch „gesprochen" wird (wollen Sie z. B. Webseiten zum Thema Köln finden, versuchen Sie Köln, Koeln und Cologne).

4 Wenn möglich, verwenden Sie eine Meta-Suchmaschine (s. u.).

5 Einige Grundregeln der Schreibweise: Viele Suchmaschinen akzeptieren bestimmte Sonderzeichen nicht; die deutschen Umlaute müssen für die meisten Suchmaschinen umgeschrieben werden (aus ö wird oe, aus ä wird ae usw.), das deutsche ß ist im Rest der zivilisierten Welt unbekannt.
Groß- und Kleinschreibung ist bei vielen Suchmaschinen bedeutungsunterscheidend, einige Suchmaschinen (z. B. Fireball)

suchen bei Kleinschreibung alle Varianten eines Suchbegriffs; bei Großschreibung nur die genaue Schreibweise. Hier liefert also Kleinschreibung eine größere Anzahl von Ergebnissen.

6 Die meisten Suchmaschinen bieten eine Vorauswahl der Sprache, in der gesucht werden soll, an – wählen Sie die Richtige! Dass Sie mit einem englischen Suchbegriff auf deutschsprachigen Webseiten keine großen Erfolge erzielen werden, liegt auf der Hand ...

Hier sind einige der größten Suchmaschinen:

Suchmaschinen

Netscape Internet-Suche	`http://home.de.netscape.com`
Excite Deutschland	`http://www.excite.de`
Suchmaschine Eule	`http://www.eule.de`
Aladin	`http://www.aladin.de`
Lycos	`http://www.lycos.de`
AltaVista Deutschland	`http://www.altavista.de`
Fireball Express Suche	`http://www.fireball.de`
Infoseek	`http://www.infoseek.de`
DINO-Online	`http://www.dino-online.de`
WEB.DE	`http://web.de`
Yahoo! Deutschland	`http://www.yahoo.de`
HotBot	`http://www.hotbot.com`
Northern Light Search	`http://www.northernlight.com`
Ask Jeeves!	`http://www.askjeeves.com`
WebCrawler	`http://www.webcrawler.com`

TIPP! Eine gute deutschsprachige Übersicht über Suchmaschinen und ihre Bedienung finden Sie übrigens unter:

Suchfibel	`http://www.suchfibel.de/`

Und eine Antwort auf viele Fragen zum Thema Internet-Suche unter:

Searchenginewatch	`http://www.searchenginewatch.com`

Und hier noch einige Suchmaschinen, die sich speziell mit der Suche nach Bild-, Audio- und Videodaten befassen:

MusicSearch	`http://www.musicsearch.com`
All-Music Guide	`http://www.allmusic.com`
RealGuide	`http://realguide.real.com`
Clip Art Searcher	`http://webplaces.com/search`
World Wide Arts Resources	`http://wwar.com`
The Amazing Picture Machine	`http://www.ncrtec.org/picture.htm`

3. Whowhere

Eine weitere wichtige und interessante Suchmaschine ist Whowhere (http://www.whowhere.lycos.com). Wie der Name schon andeutet, geht es hier vor allem um mehr oder weniger bekannte Zeitgenossen. Whowhere ist streng genommen ein Webkatalog, der mit einer Suchmaschine kombiniert ist. Der Katalog enthält die folgenden Rubriken:

People in Entertainment

Filmmakers, Musicians, Athletes

People and Money

Investors, Brokers, Shoppers

People Like You

Women, Kids, Family, Travelers

People to Help You

Realtors, Career Advisors, Employers

Other Guides to the Web

Games, Autos, Computers, Health

Zusätzlich zur E-Mail Adresse bekannter Prominenter finden sich hier auch einige Infos über ihr Privatleben, ihre Biografie, besondere Vorlieben usw.

Aber auch als Startpunkt für eine „normale" Suche im Internet kann Whowhere gute Dienste leisten.

4. Meta-Suchmaschinen

Ein sehr praktisches Tool für eine umfassende Internet-Suche sind die sogenannten Meta-Suchmachinen. Es handelt sich hierbei um Suchmaschinen, die eine gestellte Anfrage an mehrere Suchmaschinen gleichzeitig weiterleiten und die gemeldeten Ergebnisse sammeln. Da eine einzelne Suchmaschine oder ein Katalog immer nur einen bestimmten Bereich des Internets indiziert haben, steigt die Trefferwahrscheinlichkeit für einen Suchbegriff bei gleichzeitiger Verwendung mehrerer Suchmaschinen an – leider dauert aber auch die Suche länger als bei Einsatz einer einzigen Suchmaschine.

Die meisten Meta-Suchmaschinen bieten sogar eine manuelle Auswahl der Suchmaschinen, die für die Suche verwendet werden sollen, an. Vielfach lässt sich auch auswählen, wie lange auf Antworten der einzelnen beteiligten Suchmaschinen gewartet werden soll, um stundenlanges Suchen zu verhindern.

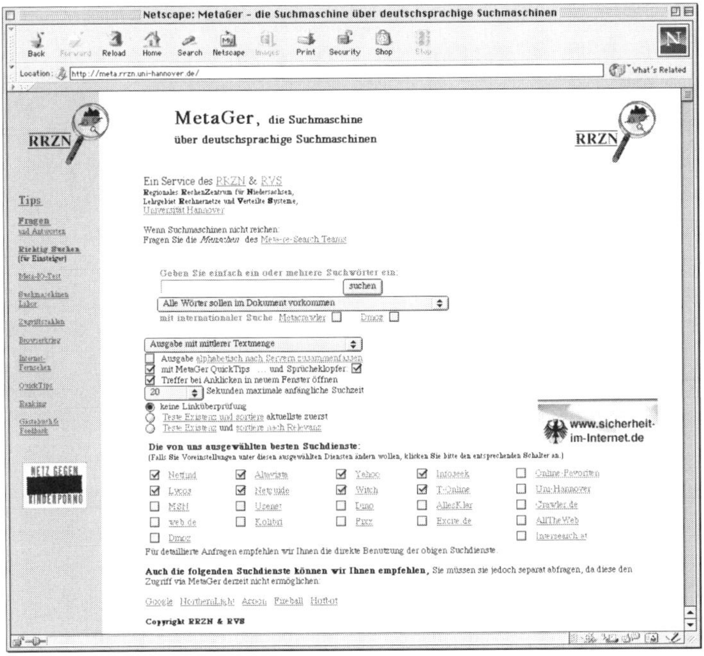

Die Meta-Suchmaschine MetaGer

Die meisten Meta-Suchmaschinen zeigen die Suchergebnissen wahlweise nach der Trefferhäufigkeit oder den verwendeten Suchmaschinen sortiert an. Ein weiterer Vorteil beim Einsatz einer Meta-Suchmaschine ist, dass man nur eine einzige Abfrage-Syntax beherrschen muss, da die Meta-Suchmaschine automatisch für die angeschlossenen Dienste „übersetzt“. Hier ist eine kleine Auswahl einiger Meta-Suchmaschinen:

Metasuchmaschinen

The Internet Sleuth	`http://www.isleuth.com`
Klug-Suchen.de	`http://www.klug-suchen.de`
MetaCrawler	`http://www.go2net.com`
Meta Search Engine at Netlaunch	`http://netlaunch.com/search.html`
ProFusion	`http://www.profusion.com`
MetaGer	`http://meta.rrzn.uni-hannover.de`
Apollo7	`http://www.apollo7.de`

5. Agenten

Ein relativ neuer Ansatz zur Informationssuche im Internet sind die sogenannten Agenten. Ein Agent ist ein Software-Programm, welches immer wiederkehrende Aufgaben übernimmt. So kann ein Agent beispielweise eine Webseite automatisch auf Veränderungen überwachen und eine Meldung abgeben, sobald diese eintreten. Ein häufiger Verwendungszweck von Agenten ist das Überwachen von Suchmaschinen. Agenten zum regelmäßigen Abfragen von Suchmaschinen finden Sie unter:

Tracerlock	`http://www.peacefire.org/tracerlock`
The Informant	`http://www.informant.darthmouth.edu`

Diese Agenten behalten zum Beispiel bestimmte Themengebiete im Auge und informieren Sie unverzüglich per E-Mail, wenn Webseiten geändert werden oder neue hinzukommen. Wenn Sie ungeduldig auf die neue Systemsoftware für Ihren Sampler warten, können Sie die Software-Seite des Herstellers mit einem Agenten überwachen und werden bei Veränderungen informiert.

Wenn auf der Download-Seite eine Veränderung eintritt, bedeutet dies normalerweise, dass ein neues Programm zur Verfügung steht. Dies muss natürlich nicht unbedingt die erwartete Systemsoftware sein, aber Sie können dann wenigstens sofort nachsehen.

TIPP! Informationen zum Thema Internet finden Sie zum Beispiel bei:

Learn the net	`http://www.learnthenet.com/english/index.html`
All things Internet	`http://www.snowhawk.com/page2.html`

6. Tipps für die Suche im Netz

Wir gehen davon aus, dass Sie eine Auswahl von Webseiten zum gesuchten Thema sehen wollen, und zwar weder zuviele, noch zuwenig.

1. Allgemeine Begriffe wie Haus, Baum oder Tier liefern im allgemeinen zu viele, sehr spezielle Begriffe zu wenige Suchergebnisse, um von einem sinnvollen und verwendbaren Ergebnis zu sprechen.

2. Verwenden Sie möglichst eine verknüpfte Suchanfrage anstelle eines zu allgemeinen oder zu speziellen Suchbegriffes.

3. Versuchen Sie, eine Begriffskombination zu finden, welche das Gesuchte möglichst genau beschreibt. Benutzen Sie verschiedene Begriffskombinationen bei der Suche; verwenden Sie dabei auch Synonyme. Wenn Sie auch an Ergebnissen in anderen Sprachen interessiert sind, suchen Sie die entsprechenden Suchbegriffe aus einem Wörterbuch heraus.

4. Beginnen Sie mit der Suche. Sie werden an den Ergebnissen (bzw. deren Anzahl) sehr schnell sehen, ob Ihre Suche eher zu allgemein oder zu speziell ist und können die Suchkriterien dann entsprechend ändern.

5. Eventuell kann es helfen, sich zuerst über einen Webkatalog zum eigentlichen Thema „vorzutasten“, denn ein Webkatalog kann Sie unter Umständen mit Ideen für weitere mögliche Begriffskombinationen für ihre Suche versorgen.

6. Denken Sie daran: Mit Kleinschreibung und Auflösung von Umlauten erhalten Sie eventuell ein anderes Ergebnis.

4 Was gibt es im Internet?

Was gibt es im Internet?

Das Angebot im Internet ist nahezu unüberschaubar. Informationen aller Art (ob sinnvoll oder nicht) finden sich in riesiger Fülle, kurioses (z. B. `www.kolonialwarenladen.de`) neben vielen nützlichen Adressen (z. B. `www.kostenlos.de`).

In diesem Kapitel werden Themenbereiche angesprochen, die für Musiker und Musikinteressierte wichtig sind. Das sind neben eher allgemeinen Themen wie dem Einkaufen im Internet auch speziellere wie Musical Communities, MIDI oder Startpunkte für einzelne Interessengruppen wie Jazzer.

Diese Auswahl kann natürlich nicht vollständig sein, sie soll einen ersten Einblick in die Vielfalt des Internets bieten und zu weiteren Erkundungen ermutigen.

Andere Informationen wie z. B. über Hersteller von Musikinstrumenten werden hier nicht erläutert, ein Blick in die Linksammlung des nächsten Kapitels sollte genügen.

In diesem Kapitel werden folgende Themen angesprochen:

1. Software im Internet
2. Das Internet als Kaufhaus
3. Institutionen im Internet
4. Internet-Radio / Internet-TV
5. MIDI
6. MP3
7. Internetzeitungen für Musiker
8. Klassische Musik
9. Jazz im Internet
10. Songtexte
11. Newsgroups
12. Musikverlage im Internet
13. On Line Musical Community
14. Die eigene Homepage
15. Starseiten/Fanseiten
16. Chat

1. Software im Internet

Software finden Sie im Internet im wesentlichen in drei verschiedenen Formen: als kommerzielle Software, als Shareware und als Freeware. Da es oft zu Verwechslungen dieser drei Formen kommt, hier kurz die wesentlichen Unterschiede:

Kommerzielle Software

Kommerzielle Software wird käuflich erworben. Sie erwerben mit dem Kauf das Recht, diese Software in Lizenz benutzen, allerdings erwerben Sie nicht den eigentliche Programmcode. Alle Rechte an diesem Code liegen weiterhin beim Hersteller. Sie dürfen die erworbene Software privat weiterverkaufen oder verschenken, womit die Lizenz an den Käufer übergeht. Sie dürfen keine Kopien dieser Software oder ihrer einzelnen Bestandteile anfertigen, verschenken, verkaufen oder sonstwie in Umlauf bringen.

Viele kommerzielle Programme gibt es in sogenannten Demo(nstrations) oder Try-Out-Versionen. In diesen sind meistens wichtige Funktionen deaktiviert oder Sie werden nach einer bestimmten Zeitspanne automatisch unbrauchbar. Die Hersteller bieten hiermit sozusagen eine „Probefahrt" ihrer Software an, welche natürlich „Appetit" auf den Erwerb des kompletten Programms machen soll. Kommerzielle Software kann durchaus mehrere hundert oder sogar mehrere tausend Mark kosten.

Shareware

Shareware entstand aus dem Widerstand gegen die Vermarktungsmethoden und die Marktbeherrschung der großen Softwarehäuser. Im Gegensatz zu vollkommerzieller Software ist hier das Kopieren und Weitergeben des Programmes ausdrücklich erwünscht. Dieses Weitergeben der Software ist normalerweise mit der Auflage verbunden,

an der ursprünglichen Zusammensetzung der Software und am Programmcode nichts zu verändern. Mit anderen Worten: Alles, was Sie erhalten haben, müssen Sie beim Kopieren weitergeben.

Shareware ist ebenfalls nicht umsonst, allerdings meist deutlich kostengünstiger als kommerzielle Software. Selbst umfangreiche Shareware-Programme kosten selten über 50,- DM. Die Shareware-Gebühr wird fällig, wenn Sie diese Software über einen gewissen Zeitraum benutzen, machmal sind jedoch auch wichtige Funktionen gesperrt, oder das Programm erinnert einen in regelmäßigen Abständen an die Registrierung.

Da Shareware meistens von enthusiastischen Idealisten programmiert wird, sollten Sie bei Gefallen die geringe Gebühr für die Benutzung bezahlen, Sie haben dann meistens nicht nur Anspruch auf Support, sondern verhindern unter Umständen auch das „Aussterben“ eines interessanten Programmes.

Freeware

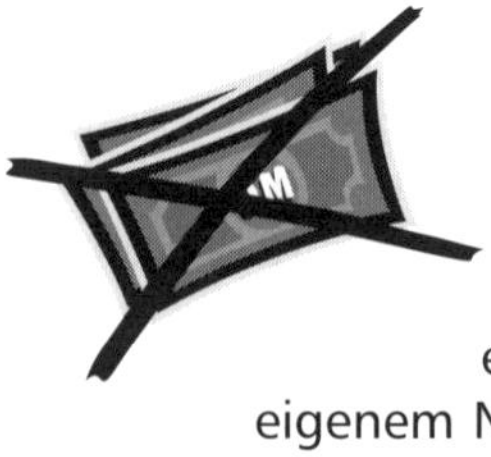

Freeware ist komplett kostenlose Software. Außer den Kosten für den Download entstehen Ihnen hierbei keinerlei Kosten. Trotzdem handelt es sich auch bei Freeware um urheberrechtlich geschützte Programme, mit denen Sie keinesfalls machen können, was Sie wollen. Besonders das „Umtaufen“ eines Programmes und der Verkauf unter neuem, eigenem Namen ist natürlich nicht erlaubt. Die einfache unveränderte Weitergabe ist dagegen zulässig.

Meistens liegt diesen Programmen eine kleine Textdatei bei, in welcher der Autor beschreibt, was genau er zulässt und was nicht. Lesen und beachten Sie diese Datei, denn mit dem Verwenden des Programms erkennen Sie in den meisten Fällen die Nutzungsrechte automatisch an.

Es gibt einige Varianten von Freeware, bei denen der Autor des Programms kein Geld, sondern eine andere Kleinigkeit von Ihnen verlangt; beispielsweise sogenannte Postcard-Ware, hier schicken Sie dem Autor für ein Programm, das Ihnen gefällt und das Sie verwenden, einfach eine Postkarte.

Registrierung

Im Zusammenhang mit kommerzieller Software und Shareware taucht häufig der Begriff Registrierung auf. Als registrierter Benutzer haben Sie Anspruch auf Betreuung bei Problemen (den sogenannten Herstellersupport) und werden in die Kundenliste des Software-Lieferanten aufgenommen, der Ihnen dann regelmäßig Briefe oder E-Mails über Updates oder Fehlerbehebungen (Bugfixes) seiner Software schickt. Bei kommerzieller Software erfolgt die Registrierung vom Kauf unabhängig, während bei Shareware der Kauf und die Registrierung meistens in einem Vorgang erfolgen.

TIPP! Erfahrungsgemäß benötigen die meisten Anwender nur wenige kommerzielle Software, da 90% der teuer bezahlten Funktionen gar nicht verwendet werden. Es lohnt sich durchaus, hier nach einer Shareware-Alternative zu suchen. (Viele Sharewareprogramme erreichen ohne Einschränkungen den Qualitätsstandard und Funktionsumfang von kommerzieller Software.) Oft verteilen die Hersteller auch ältere Versionen ihrer kommerziellen Software umsonst. Wenn der gebotene Funktionsumfang ausreicht (was meistens der Fall ist) können Sie auf diese Weise viel Geld sparen.

Wer im Internet nach **Free- und Shareware für Musiker** sucht, sollte am besten bei `http://www.hitsquad.com` anfangen. Ansonsten helfen vielleicht die folgenden Softwarearchive:

`http://www.softseek.com`

`http://www.shareware.com`

`http://www.freecode.com`

`http://www.slaughterhouse.com`

`http://www.tucows.de`

`http://www.winfiles.com`

`http://www.jumbo.com`

`http://www.download.com`

`http://www.32bit.com`

Übrigens: Sie können eine kommentierte Liste verschiedener Shareware-Verzeichnisse unter

`http://www.yahoo.com/Computers_and_Internet/Software/Shareware`

finden.

TIPP! Die meisten kommerziellen Anbieter von Software finden Sie übrigens nach dem folgenden Schema auch ohne den Einsatz von Suchmaschinen:

`http://www.name.com` oder `http://www.name.de`

Die Firma Apple zum Beispiel finden Sie sowohl unter `http://www.apple.com` als auch unter `http://www.apple.de`.

Komprimierte Archive

Beim Download von Software aus dem Internet werden Sie bald feststellen, dass die meisten der Programme und Dateien, die Sie auf diesem Weg erhalten, die Endung hqx oder zip tragen. Das bedeutet, dass es sich hierbei nicht um lauffähige Software, sondern um ein komprimiertes Archiv handelt, welches erst noch „entpackt" werden muss. Durch das Komprimieren verliert eine Datei oder ein Programm teilweise dramatisch an Größe (je nach Dateiart bis zu 90%), was die Downloadzeit und damit die Kosten senkt. Sowohl zum Verpacken als auch zum Entpacken wird eine spezielle Software benötigt.

Das bekannteste dieser Programme für den Apple Macintosh ist Stuff it lite (bzw. Stuff it Expander); für Windowsrechner heißt die entsprechende Software WinZip. Beide können Sie im Internet umsonst bekommen (z. B. unter `http://www.tucows.de`).

Windows-Dateien tragen nach dem Entpacken oft die Endung EXE, was bedeutet, dass es sich bei dieser Datei um ein Programm handelt, das mit Doppelklick gestartet werden kann (meistens ist dies ein Installationsprogramm, welches die eigentliche Software installiert).

Falls das alles sehr kompliziert klingt, hier das Ganze als Schema:

Download einer .zip-Datei

=> Entpacken mit WinZip liefert eine .exe-Datei

=> Doppelklick auf die .exe-Datei startet das eigentliche Installationsprogramm

=> den Anweisungen des Installationsprogrammes folgen

=> Viel Spaß mit der neuen Software.

Viren

Wenn Sie Software aus dem Internet downloaden, gibt es ein weiteres Thema, mit dem Sie sich (leider!) befassen sollten: Viren. Ein Virus ist ein Programm, welches in anderen Programmen oder Dateien versteckt wird, und so unbemerkt auf Ihren Rechner gelangt, wo es abhängig von seiner Programmierung unter Umständen schweren Schaden anrichten kann.

Mehr dazu finden Sie in Kapitel 2 ...

2. Das Internet als Kaufhaus

Viele Musikalienhändler sind im Internet vertreten. Dadurch kann man einen relativ umfassenden Preisvergleich vieler Anbieter bequem vom eigenen Wohnzimmer aus durchführen. Für den Kauf von Instrumenten, Zubehör oder Software gelten ähnliche legale Regeln wie im normalen Ladengeschäft; allerdings enthalten Verträge oft den Hinweis, dass das Recht des Firmensitzes angewendet wird (wenn Sie bei einer amerikanischen Firma bestellen, bedeutet dies also US-Recht).

Die Zahlungsmodi sind dieselben wie bei allen Online-Geschäften. Zu beachten ist ferner, dass bei der Einfuhr außereuropäischer Waren nach Europa meistens Zollabgaben zu entrichten sind, was den vermeintlichen Preisvorteil leicht ins Gegenteil verkehren kann. Besonders amerikanische Versender deklarieren ihre Ware deshalb gerne als Geschenk, um den europäischen Zoll zu umgehen. Wenn Ihre Waren geöffnet oder überprüft werden, müssen Sie in diesem Fall nachzahlen – Vorsicht, das „Schnäppchen" kann sehr schnell teuer werden!

Überhaupt ist es eine gute Idee, sich vor der Online-Bestellung über die zusätzlich anfallenden Kosten (Porto, Verpackung, Einfuhrzoll, Lagergebühren usw.) zu informieren, um nicht bei Erhalt der Rechnung oder Abbuchung der Kreditkartenfirma böse überrascht zu werden – auch unter den Internet-Händlern gibt es natürlich „schwarze Schafe".

Ein weiterer Tipp; speziell für den Kauf von Instrumenten über das Internet: Da Sie das Objekt Ihrer Begierde nicht in Augenschein nehmen können, kaufen Sie möglichst nur Ware, deren Ausstattung keinen Schwankungen unterworfen ist. Das neueste Keyboard eines großen Herstellers wird diesen Schwankungen weniger unterworfen sein als die Decke der Gitarre, welche der Verkäufer als „10-Grade Birds-Eye-Maple in bestem Zustand" bezeichnet und die Ihrer Meinung nach eher aussieht wie in Würde gealtertes Sperrholz. Vor allem Amerikaner neigen zu (für europäische Verhältnisse) völlig überzogenen Beschreibungen. Seien Sie allen Beschreibungen und Fotos gegenüber skeptisch, die Sie nicht selber überprüfen können, auch Fotos sind (genau wie Papier) sehr geduldig ...

Klären Sie außerdem unbedingt das Problem der Haftung für Versandschäden – nicht jedes Paket aus Malaysia erreicht die Bundesrepublik in demselben Zustand, in dem es aufgegeben wurde und Sie wollen auch keinen Prozess mit einem Anbieter in der Volksrepublik Bengalen führen, oder?

Übrigens: Die meisten größeren deutschen Musikalienhändler sind mittlerweile „drin"; versuchen Sie es probeweise einfach einmal mit dem Namen Ihres Lieblingsgeschäftes oder fragen Sie direkt dort nach der Internet-Adresse.

Für Consumer-Elektronik wie Dat-Recorder oder CD-Brenner und ähnliches kann es sich lohnen, mit einem Anbieter wie Powershopping (`http://www1.powershopping.de`), Cheap4you, MobShop oder Yeebab zusammenzuarbeiten. Diese und ähnliche Anbieter arbeiten alle auf der Basis des selben Prinzips: Wenn ein Artikel in hoher Stückzahl verkauft wird, ist der Verkäufer zu großzügigen Rabatten bereit. Deshalb sammeln diese Anbieter Interessenten für eine bestimmte Ware, um dann einen entsprechenden Preis vom Verkäufer angeboten zu bekommen. Es ist unmittelbar einleuchtend, dass ein Händler für einen Verkauf von 1000 Stück des CD-Players XY einen besonders hohen Rabatt zu gewähren bereit ist. Leider funktioniert das mit „echten" Musikinstrumenten relativ selten; denn dafür ist normalerweise der potentielle Kundenkreis zu klein.

CD-Bestellung im Internet

Besonders reizvoll ist die Bestellung von CDs im Internet, denn selbst die größten CD-Läden der Welt sehen neben dem Angebot im Internet recht ärmlich aus. Außerdem bietet die Bestellung mit dem Computer einige Annehmlichkeiten, die Ihnen fast kein Ladengeschäft bieten kann:

Sie können bei fast allen Anbietern gezielt suchen und so beispielsweise alle CDs finden, in deren Titel die Worte Weihnachten und Gitarre vorkommen, oder auf denen zwei bestimmte Musiker gemeinsam vertreten sind. Zusätzlich werden Sie häufig mit gezielten Hörtipps versorgt, oder Sie können innerhalb einer bestimmten Stilistik stöbern, nur Werke eines bestimmten Komponisten, die von einem bestimmten Interpreten eingespielt wurden, ansehen usw.

Kostenloser Versand (Vorsicht bei Sendungen außerhalb der EU!), Geschenkverpackungen oder Vormerkungen sind ebenfalls kein Problem. Von den meisten Anbietern erhalten Sie außerdem genaue Liefertermine sowie schriftliche (E-Mail) Bestätigungen der Bestellung und des Versandes.

TIPP! Für Liebhaber der Vinyl-Schallplatte bieten einige große CD-Händler eigene Abteilungen an, deren Auswahl oft sensationell ist.

Einer der größten CD-Versender weltweit ist der amerikanische Anbieter CDnow (`http://www.cdnow.com`) bei dem Sie auch exotischere CDs problemlos bestellen können. Außerdem vertreiben manche kleineren Labels oder unbekannte Künstler ihre CDs wegen des geringen Aufwandes ausschließlich im Internet.

Im Anhang befindet sich eine Adressensammlung für CD-Anbieter.

Musikbücher

Auch Musikbücher können Sie problemlos Online erwerben. Für den einfachen Start haben wir hier einige Adressen großer Online-Buchhändler zusammengestellt:

`http://www.amazon.de`

`http://www.books.de`

`http://www.bol.de`

`http://www.buecher.de`

`http://www.baedeker.de`

`http://www.supergate.de`

Sie werden bei diesen großen Buchläden natürlich nicht immer finden, was Sie suchen, aber es gibt im Internet auch antiquarische Buchläden, Spezialisten für Noten; oder Läden, die sich auf ein relativ kleines Fachgebiet spezialisiert haben. Die Wahrscheinlichkeit, mit einiger Recherche zu bekommen, was man sucht, ist der Erfahrung nach im Internet eher höher als im traditionellen Buchhandel.

Als letzter Ausweg in wirklich hoffnungslosen Fällen bleibt Ihnen auch noch die Möglichkeit, in einer Newsgroup einen „Hilferuf" zu posten, womit Sie ein weltweites Publikum erreichen. Vielleicht hat ja jemand das vergriffene Buch zu Hause herumliegen und möchte es unbedingt loswerden (s. S. 117).

Sie können auch bei Online-Auktionen stöbern, oder sich an Redaktion und Leser einer der vielen im Internet vertretenen Zeitschriften wenden.

Online-Auktionen

Eine weitere auch für Musiker faszinierende Möglichkeit des Internets sind sogenannte Online-Auktionen. Bei diesen Auktionen gibt es vom Grundstück auf dem Mond über die Urlaubsreise oder den Oldtimer bis hin zur Haarspange wirklich alles. Selbstverständlich finden Sie auf solchen Auktionen auch Musikinstrumente, Noten oder Software. Online-Auktionen funktionieren im Prinzip genauso wie normale Auktionen:

Ein Verkäufer bietet ein bestimmtes Gut – häufig mit einem Mindestgebot – an, um das dann anschließend mehrere Käufer bieten; der Kaufinteressierte mit dem höchsten Gebot erhält den Zuschlag. Käufer und Verkäufer müssen sich bei dem Online-Auktionshaus registrieren lassen; die Abgabe eines Online-Gebotes ist rechtsverbindlich.

Es gibt im Wesentlichen zwei verschiedene Methoden des Kontaktes zwischen Käufer und Verkäufer:

1. Bei der einen treten beide Beteiligten nach dem Zuschlag privat miteinander in Verbindung und einigen sich über die Modalitäten des Kaufs (wie Versand und Bezahlung).

2. Bei der zweiten erfolgt die komplette Abwicklung über das Auktionshaus. Das bedeutet, Sie bezahlen an das Auktionshaus, welches Ihnen die Ware liefert und das Geld dem Verkäufer übergibt.

Auf Online-Auktionen lässt sich manches Schnäppchen machen, allerdings können Sie dort auch viel Geld an findige Geschäftemacher verlieren oder für Nepp ausgeben. Viele Online-Auktionshäuser bieten einige Zusatzfunktionen an, so können Sie viele der angebotenen Waren als Bild betrachten und haben damit unter Umständen eine kleine Entscheidunghilfe. Die meisten Anbieter bieten den Käufern auch die Möglichkeit, eine kurze Bewertung eines Verkäufers, mit dem Sie gehandelt haben, abzugeben. Diese Bewertung ist für jeden Kaufinteressierten einsehbar. Sie können also, bevor Sie mit Herrn X über die 59er Les Paul Standard verhandeln, in seiner Beurteilung feststellen, was andere von ihm halten ...

Wenn Sie sich für Online-Auktionen interessieren, schauen Sie einfach einmal als Gast bei einem oder mehreren Online-Auktionshäusern vorbei. Mit der folgenden Adressenliste haben Sie auf jeden Fall einen guten Start:

`http://www.ebay.de`

`http://www.amazon.de`

`http://de.auctions.yahoo.com`

`http://www.primus-online.de`

`http://www.atrada.de`

`http://www.offerto.de`

Bezahlen im Internet

Sie haben jetzt also bei einem Anbieter im Internet die lange gesuchte Traumgitarre oder Ihr Lieblingskeyboard gefunden, oder möchten gerne für den nächsten Auftritt als Alleinunterhalter schnell noch die Top 40 dieser Woche als MIDI-Files downloaden. In jedem dieser Fälle haben Sie dasselbe Problem: Bezahlen im Internet. Die weitverbreiteten Zahlungsmethoden im Internet sind die Kreditkarte, Lieferung per Nachnahme oder auf Rechnung sowie der Bankeinzug.

1. Die häufigste Zahlungmethode im Internet ist die Zahlung mit Kreditkarte, speziell bei Anbietern außerhalb Europas werden Sie mit fast jeder anderen Zahlungsart Probleme bekommen. Normalerweise verlangt der Verkäufer von Ihnen die Angabe Ihrer Kreditkartennummer. Trotz gegenteiliger Meldungen der Sensationspresse ist dies eine relativ sichere Zahlungsmethode, die Sie mit ein wenig Aufwand noch sicherer machen können (s. S. 91).

2. Eine Lieferung per Nachnahme wird nicht von allen Anbietern angeboten und kostet häufig zusätzliche Gebühren, ist dafür aber eine sehr sichere Zahlungsform, denn Sie bezahlen erst beim Erhalt der Ware.

3. Der Bankeinzug ist eine weitere Zahlungsform mit geringem Risiko, hier werden Sie allerdings einige Probleme haben, Anbieter zu finden, welche den Bankeinzug als Zahlungsform zulassen. Zumindest die Daten Ihrer Bankverbindung müssen Sie bei dieser Zahlungsform angeben, tun Sie dies nur auf einer sicheren Webseite (s. S. 91).

4. Cybercash, eCash oder die Geldkarte sind zur Zeit noch reine Theorie, obwohl gerade diese Zahlungsmethoden dem Kerngedanken des Internet besonders nahestehen. Ein Grund dafür mag der benötigte Kartenleser sein, mit dem erst die Daten dieser Kar-

ten an den Anbieter übertragen werden können; außerdem gibt es aber bisher kaum ein Internet-Angebot, welches zwingend ein Online-Zahlungsmittel erfordert. Außerdem lehnen auch viele Surfer das Prinzip „Erst Geld – dann Ware" – wie es bei Online-Zahlungsmitteln zum Einsatz kommt – prinzipiell ab.

Ein Vorteil dieser Zahlungsmethode ist die Möglichkeit, kleinste Summen, z. B. 20 Pfennige, kostengünstig (Gebühren!) zu bezahlen.

Zwei prinzipielle Nachteile gegenüber dem Einkauf im Warenhaus um die Ecke hat der Bummel im Internet allerdings unabhängig von der verwendeten Zahlungsmethode: Sie können die Ware nicht in die Hand nehmen und die Transaktion ist nicht – wie bei der Bezahlung mit Bargeld – völlig anonym. Diesen Nachteilen stehen aber zahlreiche gewichtige Vorzüge gegenüber; von denen hier nur einige erwähnt werden sollen:

1. Im Internet haben Sie Zugriff auf ein weltweites Waren- und Dienstleistungsangebot. Viele dieser Angebote wären in Ihrem Heimatort nicht oder nur sehr schwer erhältlich.

2. Dieses Angebot haben Sie völlig unabhängig von den Ladenöffnungszeiten.

3. Sie können in wenigen Minuten eine Vielzahl von Preisangeboten für dasselbe Produkt einholen, was selbst in einer Großstadt Tage erforden kann. Es gibt sogar Anbieter, die kostenlos oder für eine Provision den billigsten Verkäufer für ein beliebiges Produkt ermitteln.

4. Sie können sich mit anderen Gleichgesinnten zusammentun und ein Produkt in einer größeren Menge mit dem entsprechenden Rabatt erwerben (dies ist das Prinzip von Anbietern wie letsbuyit).

Hinweis: Im Prinzip ist ein Einkauf im Internet relativ sicher, wenn Sie das Folgende beachten: Geben Sie sensible Daten wie zum Beispiel Ihre Kreditkartennummer nur dann preis, wenn Sie sich auf einer „sicheren" Webseite befinden. Eine sichere Webseite ist das Internet-Äquivalent einer abhörsicheren Telefonleitung.

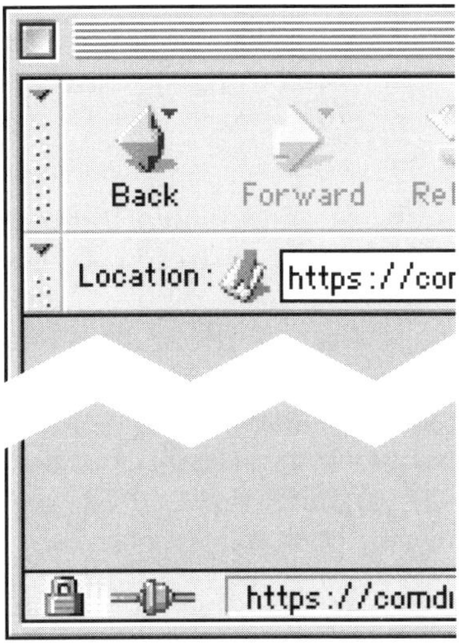

„sichere Seite" mit https-Protokoll

Sie erkennen eine solche Webseite an einem Symbol in der Menüleiste Ihres Browsers (beim Communicator ist dies beispielsweise ein Vorhängeschloss, wenn Sie sich auf einer sicheren Webseite befinden, ist es geschlossen.

Befinden Sie sich auf einer „unsicheren" Seite, ist das Schloss geöffnet) und daran, dass die ersten Buchstaben in der Adresszeile nicht mehr das vertraute HTTP sind, sondern HTTPS.

Verschicken Sie wichtige Daten möglichst nicht per E-Mail (hier kann wirklich die halbe Welt mitlesen) und behalten Sie möglichst viele persönliche Daten für sich.

3. Institutionen im Internet

Verwertungsgesellschaften

Von den zahlreichen Institutionen des Kulturlebens, die im Internet vertreten sind, sind für den durchschnittlichen Musiker wohl die Verwertunggesellschaften am interessantesten. Verwertungsgesellschaften befassen sich mit der Verwertung der sogenannten Zweit- und Drittrechte eines Musikers bzw. Komponisten.

Die meisten der großen nationalen und internationalen Verwertungsgesellschaften sind mittlerweile im Internet vertreten. Die in Deutschland für Semi-Profis und Profis interessanteste dieser Gesellschaften ist die GEMA (Gesellschaft für musikalische Aufführungs- und mechanische Vervielfältigungsrechte). Wir wollen an dieser Stelle keine ausführliche Erklärung über die GEMA abgeben (das kann sie selbst viel besser unter: `http://www.gema.de`); aber wenn Ihre Musik öffentlich gespielt, im Radio übertragen oder auf CD verkauft wird und Sie kein GEMA-Mitglied sind, verschenken Sie wahrscheinlich bares Geld.

Wir haben hier in einer kurzen Übersicht die wichtigsten Verwertunggesellschaften des deutschsprachigen Raumes zusammengestellt, ausnahmsweise mit Ihrer kompletten Adresse, da Sie für rechtsbindende Verträge mit einer oder mehreren dieser Gesellschaften einen Vertrag unterschreiben und deshalb die „normale" Post bemühen müssen.

GEMA `http://www.gema.de`

Gesellschaft für musikalische Aufführungs- und mechanische Vervielfältigungsrechte

Bayreuther Straße 37
10787 Berlin
Tel. (030) 212 45-00
Telefax (030) 212 45-950

Rosenheimer Straße 11
81667 München
Tel. (089) 480 03-00
Telefax (089) 480 03-9 69

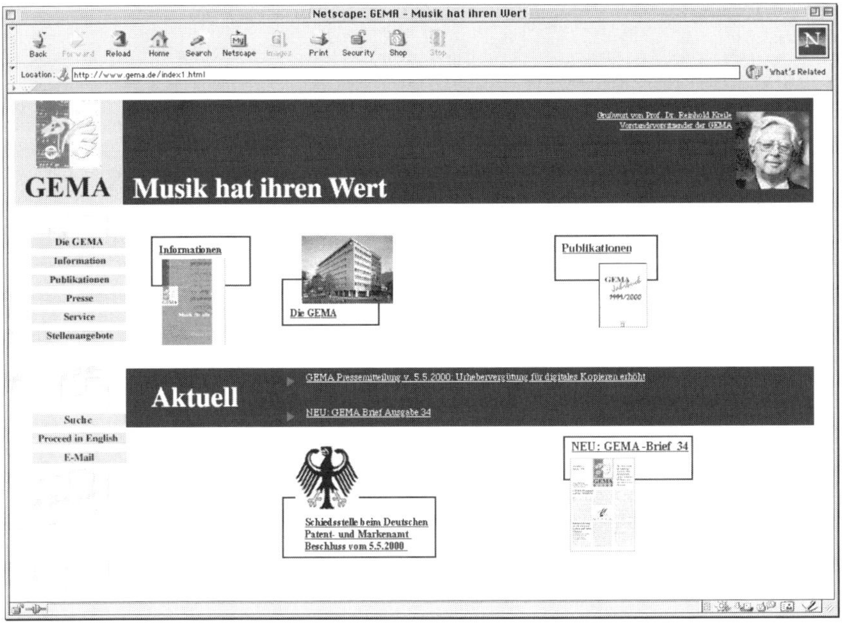

www.gema.de

VG Wort http://www.vgwort.de

Verwertungsgesellschaft WORT,
rechtsfähiger Verein kraft Verleihung,
vereinigt mit der VG Wissenschaft
Goethestraße 49
80336 München
Tel. (089) 51 41 20
Telefax (089) 514 12 58

VG Bild-Kunst http://www.bildkunst.de

Verwertungsgesellschaft Bild-Kunst
Weberstr. 61
53113 Bonn
Tel. (0228) 915 34-0
Telefax (0228) 915 34-38
Email: info@bildkunst.de

VG Musikedition

Verwertungsgesellschaft Musikedition
Königstor 1
34117 Kassel
Tel. (0561) 1 56 16
Telefax (0561) 77 38 28

VFF

Verwertungsgesellschaft der Film- und Fernsehproduzenten mbH
Widenmayerstraße 32
80538 München
Tel. (089) 22 35 35
Telefax (089) 228 55 62

GWFF http://www.gwff.de

Gesellschaft zur Wahrnehmung von Film- und Fernsehrechten mbH
Marstallstr. 8
80539 München
Tel. (089) 22 26 68
Telefax (089) 22 95 60

VGF
Verwertungsgesellschaft für Nutzungsrechte an Filmwerken mbH
Kreuzberger Ring 56
65205 Wiesbaden
Tel. (0611) 778 92-22
Telefax (0611) 778 92-14

GÜFA

Gesellschaft zur Übernahme und Wahrung von Filmaufführungs-rechten mbH
Vautierstraße 72
40235 Düsseldorf
Tel. (0211) 91 41 90
Telefax (0211) 679 88 87

GVL `http://www.gvl.de`

Gesellschaft zur Verwertung von Leistungsschutzrechten mbH
Heimhuder Straße 5
20148 Hamburg
Tel. (040) 411 70 70
Telefax (040) 410 38 66

CMMV `http://www.cmmv.de`

Clearingstelle Multimedia für Verwertungsgesellschaften von Urheber- und Leistungsschutzrechten GmbH
Rosenheimer Straße 11
81667 München

Verbände

Welche Interessengemeinschaft auch immer gegründet wird, sie ist bald auch im Internet vertreten. Dabei ist es egal, ob politisch wichtige Institution oder ehrenamtlich aufgebauter Hobbyverein.

Hier einige Beispiele aus dem Angebot des Internets:

Arbeitsgemeinschaft Europäischer Chorverbände

`http://www.saengerbund.de/agec.htm`

Arbeitskreis der Musikbildungsstätten in Deutschland

`http://www.landesmusikakademie-nrw.de`

Arbeitskreis für Jazz, Rock und Pop in der Musikschule (ARPS)

`http://www.duesseldorf.de/kultur/musikschule/index.htm`

Arbeitskreis für Musik in der Jugend (AMJ)

`http://amj.allmusic.de`

Arbeitskreis Studium Populärer Musik e.V.

`http://www.uni-giessen.de/~g51029`

Berufsverband Disc-Jockey e.V.

`http://www.bvd-ev.de`

Bundesverband der Phonographischen Wirtschaft e.V.

`http://www.ifpi.de`

Bundesverband Freischaffender Pianisten e.V. (BFP)

`http://www.artists-online.de`

Bundesvereinigung Dt. Blas- und Volksmusikverbaende e.V.

`http://www.bdbv-online.de`

Deutsche Chopin-Gesellschaft e.V.

`http://lakoma.tu-cottbus.de/Chopingesellschaft`

Deutsche Gesellschaft für Elektroakustische Musik e.V. (DegeM)

`http://www.degem.de`

Deutsche Mozart-Gesellschaft e.V. (DMG)

`http://www.deutsche-mozart-gesellschaft.de`

Deutsche Orchestervereinigung

`http://wwww.dov.org`

Deutscher Bühnenverein

`http://www.buehnenverein.de`

Deutscher Musikrat

`http://www.deutscher-musikrat.de`

Deutscher Rock- und Popmusikerverband e.V.

`http://www.musik-online.com/drmv`

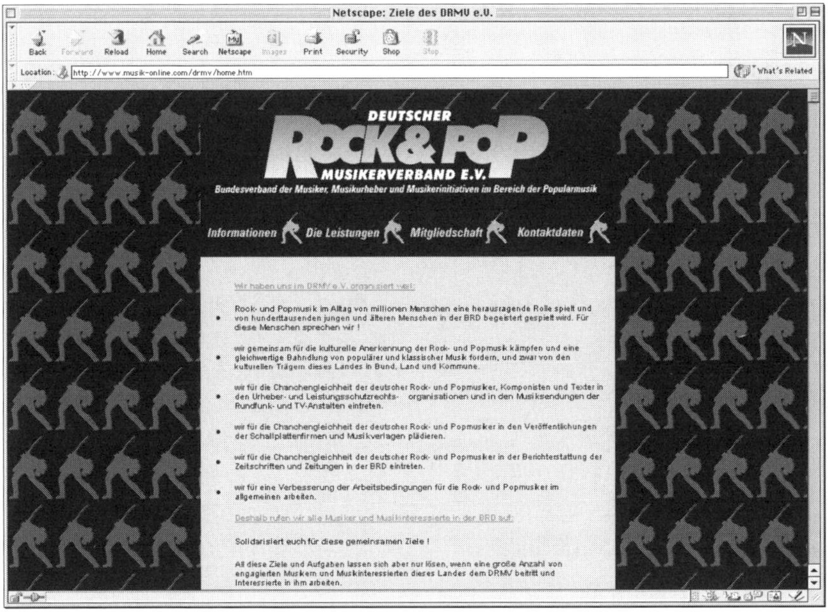

DRMV Deutscher Rock Musiker Verband

Deutscher Tonkünstlerverband e.V. (DTKV)

`http://www.tonkuenstler.de`

Fachverband deutsche Klavierindustrie e.V.

`http://www.pianos.de`

Fachverband für Blasorchester & Spielleutekorps

`http://www.mvsh.de`

Gesamtverband Deutscher Musikfachgeschäfte e.V. (GDM)

`http://www.musik-netz.de/gdm`

Gesellschaft der Orgelfreunde e.V. (GdO)

`http://www.gdo.de`

Gesellschaft für Musikforschung (GfM)

`http://gfm.uni-mainz.de`

Internationale Bachakademie Stuttgart

`http://www.bachakademie.de`

Richard Wagner und seine Werke

`http://www.wagnerverband.de`

Union Deutscher Jazzmusiker

`http://www.udj.de`

Verband der Servicestationen Musikelektronik e.V.

`http://www.vsm-musikelektronik.de`

Verband Deutscher Musikschaffender (VDM)

`http://www.vdm-musik.de`

Verband deutscher Musikschulen e.V. (VdM)

`http://www.musikschulen.de`

Verband Deutscher Schulmusiker e.V.

`http://www.vds-musik.de`

Verband Deutscher Tonmeister e.V. (VDT)

`http://www.tonmeister.de`

World Rock'n'Roll Confederation

`http://www.wrrc.org`

TIPP! Eine gute Übersicht über Verbände und Institutionen kann man bei

`http://www.miz.org/institutionen/frinhalt.htm`

finden. Der Großteil der Einträge gehört eher zum Bereich der „klassischen" Musik, es finden sich aber auch jede Menge andere Informationen und Adressen.

3. Internet-Radio / Internet-TV

Im Internet lassen sich nicht nur Webseiten betrachten oder Daten herunterladen. Im Zeitalter von Multimedia kann man auch Radio hören und fernsehen oder Filme per Internet betrachten.

Für das Verständnis vieler Multimedia-Programme im Internet ist die Unterscheidung zwischen dem sogenannten Streaming und Non-Streaming wichtig. Hierbei handelt es sich um zwei verschiedene Verfahren zur Datenübertragung. Hier eine kurze Erklärung:

Die ältere Form ist das **Non-Streaming**. Das funktioniert genauso wie der Download eines Programmes. Sie laden hierbei Daten aus dem Internet auf Ihre Festplatte; erst wenn alle diese Daten eingetroffen sind, kann mit der Wiedergabe eines Filmes oder eines Musikstückes begonnen werden. Echte Live-Übertragungen sind so natürlich unmöglich.

Im Gegensatz dazu können Sie beim **Streaming** direkt mithören bzw. zusehen. Wenige Sekunden, nachdem Sie die Daten anfordern, beginnt bereits die Wiedergabe. Programme, die mit Streaming arbeiten, sind zum Beispiel die meisten Internet-Radio- und Fernsehprogramme. Programme mit dieser Funktionalität gibt es sowohl als eigenständige Programme als auch als Plug-Ins für die meisten Browser. Sowohl der Netscape Communicator als auch der Internet Explorer verfügen übrigens über die Fähigkeit, selber zu „merken", ob für die Darstellung einer Website ein bestimmtes Plug-In fehlt und bieten automatisch an, dieses von der jeweiligen Homepage zu laden. Dadurch können die Möglichkeiten dieser Programme bei Bedarf vom Programm selbst erweitert werden.

Internet-Radio und Internet-TV gehören zu den echten Multimedia-Anwendungen. Für diese Anwendungen sollte Ihre Hardware einige Voraussetzungen erfüllen. Wegen der benötigten Übertragungskapazität sollten Sie ein schnelles Modem (oder besser noch, eine ISDN-Karte) verwenden. Außerdem sollte Ihr Rechner zwingend über eine Soundkarte verfügen, da Sie sonst nur über einige klägliche Piepser aus dem eingebauten Lautsprecher lachen werden. Da heutzutage kaum ein Rechner mehr ohne Soundkarte ausgeliefert wird, sollten Sie hiermit aber keine Probleme haben.

Wenn Sie eine Soundkarte nachrüsten, achten Sie beim Kauf darauf, ein bidirektionales Modell zu erwerben. An diese Soundkarten können Sie ein Mikrofon anschließen und gleichzeitig hören und sprechen, was bei den älteren unidirektionalen Karten nicht möglich ist. Eventuell werden Sie auch in ein paar gute Boxen investieren wollen (die Computerhersteller sparen bei der Erstausstattung gerne an dieser Stelle). Es gibt für wenig Geld bereits recht gute Aktivboxen (Boxen mit integriertem Verstärker), die einfach an den Kopfhörer-Ausgang der Soundkarte angeschlossen werden. Für Musiker, die beabsichtigen, sich mit HD-Recording zu befassen, ist die Anschaffung einer hochwertigen Audiokarte unbedingt zu empfehlen; am besten sogar zusätzlich zur normalen Soundkarte.

Für eine gute Videowiedergabe sollte Ihre Grafikkarte den sogenannten True-Color-Modus unterstützen (das bedeutet 16 Millionen verschiedene Farben), was heutzutage selbst bei billigen Karten kein Problem ist. Wenn Sie vorhaben, allein zuhause oder gegen andere im Internet (ja, das geht!) aufwendige 3D-Spiele zu spielen, sollte Ihre Karte zusätzlich über die entsprechende Ausstattung verfügen.

Weitere Investitionen können – bei Bedarf – ein Mikrophon und eine sogenannte WebCam (eine kleine Kamera, mit der Sie ein Live-Bild ins Internet übertragen können) betreffen. Mit dieser Ausrüstung können Sie multimedial ins Internet einsteigen, wenn Sie das wollen. Auch wenn Sie vorhaben, mit Ihrer Band mit Live-Videos im Internet vertreten zu sein, werden Sie in diese Ausrüstung investieren müssen.

Wie Sie beim Surfen gleichzeitig auch noch Radio hören, wollen wir Ihnen am Beispiel des Internet Explorer, der zu den Streaming-Programmen gehört, kurz demonstrieren. Wählen Sie aus dem Menü *Extras* den Eintrag *Radiostationsführer* aus. Im anschließenden Fenster können Sie aus den angebotenen Sendern einen auswählen. (Voraussetzung ist, dass Sie den Windows Media Player, der ein Bestandteil von Windows ist, installiert haben. Andernfalls kann er auch bei `http://www.microsoft.com` heruntergeladen werden.)

Dies müssen nicht nur deutschsprachige Sender sein, der Internet Explorer kennt Sender aus der ganzen Welt. Das Angebot ist bereits relativ groß und jeden Tag kommen neue Sender hinzu.

Auch eine Auswahl nach Stilrichtung ist möglich. Die Qualität wird aufgrund der Bandbreitenbeschränkung dem HIFI-Freund die Tränen in die Augen treiben, aber deutlich besser als Omas Dampfradio ist sie allemal. Selbstverständlich gibt es auch Einzel-Programme, die ein Radiohören im Internet ermöglichen, aber für die ersten Versuche reicht der Explorer auf jeden Fall.

Es gibt auch andere Seiten mit Links zu veschiedenen Radiostationen (fast jeder Provider stellt eine zur Verfügung). Eine umfangreiche Sammlung von über 1000 Radiostationen findet man bei OnTheAir (`www.ontheair.com`) zur Verfügung. Weitere Übersichten finden sich bei Yahoo (`www.broadcast.com/radio`), Netradio (`www.netradio.com`) und Spinner (`www.spinner.com`). Kein Radio, aber trotzdem unterhaltsam ist `www.policescanner.com`. Hier kann man unter anderem live den Funkverkehr amerikanischer Polizisten verfolgen.

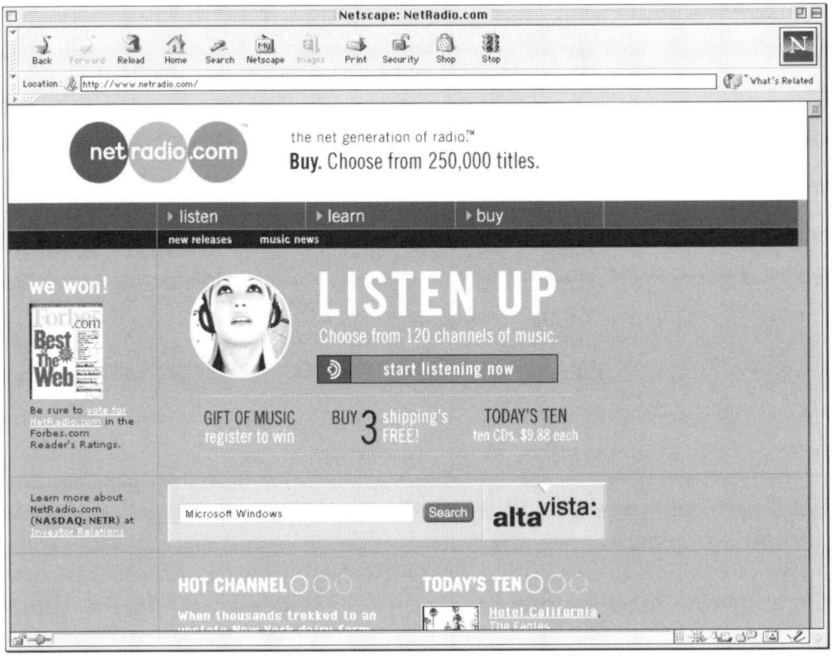

www.ontheair.com

Es gibt neben dem Windows Media Player noch andere Multimediaprogramme, z. B. Winamp, Quicktime oder Real Player. Sie sind entweder als Einzelprogramm zu verwenden, welches eng mit dem Browser zusammenarbeitet (s. Windows Media Player) oder als Plug-In, also eine Erweiterung des Browsers.

Real Player

Eines der bekanntesten Multimedia-Programme fürs Internet ist der RealPlayer.

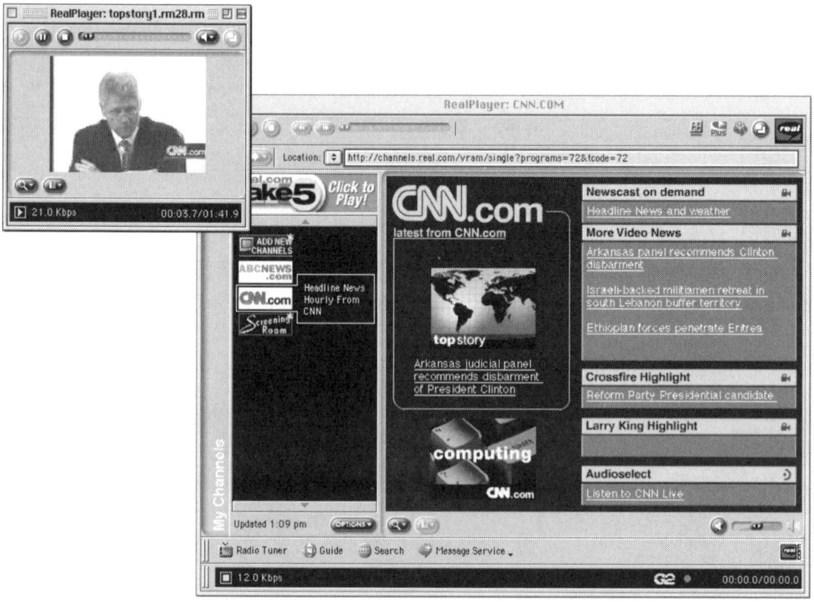

Real Player (mit Extra-Fenster zur Übertragung eines Nachrichtenclips)

Dieses Programm gibt es in einer luxuriösen kommerziellen Version und als einfachere Freeware-Version – die in den meisten Fällen völlig ausreicht – bei allen großen Software-Sammlungen, oder natürlich direkt beim Hersteller unter `http://real.com` oder `http://de.real.com`.

Die kostenlose Version trägt den Namen RealPlayer G2. Mit diesem Programm können Sie sich Übertragungen aus der ganzen Welt in Echtzeit ansehen bzw. anhören. Auch normale Radio- und Fernsehsender (sofern Sie im Internet vertreten sind) können Sie mit dem RealPlayer nutzen. Der RealPlayer kann sowohl mit Ihrem Browser zusammenarbeiten (sozusagen als funktionelle Erweiterung) als auch als Einzelprogramm verwendet werden.

Streaming in Echtzeit funktioniert allerdings nur, wenn der anbietende Rechner ein echter Streaming-Server ist und hat einen gravierenden Nachteil: Sie können sich diese Audio- und Videodaten zwar ansehen und anhören, so oft Sie wollen, aber im RealPlayer nicht abspeichern. Das geht nur mit „unechten" Streaming-Dateien.

Einige Server im Internet bieten RealPlayer-Daten an, die zuerst abgespeichert werden müssen, bevor man Sie nutzen kann. Damit ist natürlich einer der Hauptvorteile des RealPlayer hinfällig, aber Sie können weiterhin aufgrund des besonderen Kompressionsverfahrens, welches der RealPlayer verwendet, Daten sehr schnell und in recht hoher Qualität über das Internet übertragen und archivieren.

4. MIDI

MIDI ist die Abkürzung von **M**usical **I**nstruments **D**igital **I**nterface und wurde ursprünglich in der Mitte der 80er Jahre von der Musikinstrumentenindustrie entwickelt, um den Datenaustausch zwischen elektronischen Klangerzeugern aller Art zu ermöglichen. Die MIDI-Spezifikation sieht eine spezielle Hardware (die eigentliche Schnittstelle) und ein besonderes Protokoll zur Datenübertragung vor. Die MIDI-Schnittstelle in ihrer einfachsten Form überträgt keine Klangdaten, sondern sogenannte Steuerdaten, die z. B. angeben, welche Taste mit welcher Stärke und wie lange gedrückt wurde, ob ein Modulationsrad verwendet wurde usw.

Mit Hilfe der MIDI-Schnittstelle, die heutzutage bei praktisch allen Keyboards, Synthesizern, Orgeln etc. zur Standardaustattung gehört, können Keyboards miteinander oder mit dem Computer verbunden werden und Daten austauschen oder aufzeichnen. Ein Computerprogramm, das MIDI-Daten aufnehmen, speichern und senden kann, heißt **Sequenzer**. Mit dem Sequenzer ist es möglich, ein Musikstück vollständig oder in kleinen Abschnitten in den Computer einzuspielen.

Dabei wird ein Eingabe-Instrument, meistens ein Keyboard, verwendet und mit dem Computer verbunden, der die gesendeten MIDI-Daten wie eine Bandmaschine, aber ungleich flexibler, aufzeichnet. Es können sehr aufwendige Arrangements gestaltet werden, da beim Einsatz des Sequenzers nicht alles gleichzeitig gespielt werden muss, was später gleichzeitig erklingt, Fehler korrigiert werden können etc. Für die Wiedergabe der aufgezeichneten Daten wird allerdings wiederum ein Klangerzeuger benötigt, da der Computer ja nur Steuerdaten aufgezeichnet hat.

Für den Internet-Musiker von besonderem Interesse sind in diesem Zusammenhang die sogenannten **MIDI-Files**. Dies sind einfach die abgespeicherten Daten eines Sequenzer-Programms, die alle für die Wiedergabe eines Stückes mit einem beliebigen Klangerzeuger nötigen Daten beinhalten. Diese Daten können auf Festplatte, Diskette oder anderen Medien gespeichert werden, um Sie beispielsweise in einem anderen Studio weiterzuverwenden, oder aber – über das Internet zu verschicken!

MIDI-Files im Internet

MIDI-Files sind klein (und erfüllen damit eine wichtige Internet-Vorraussetzung), können von den meisten Sequenzer-Programmen und Keyboards gelesen werden, funktionieren mit jedem Klangerzeuger, der den MIDI-Spezifikationen entspricht (das sind heutzutage fast alle) und bieten damit ideale Möglichkeiten für Musiker, ihre Musik einem breiten Publikum vorzustellen. Man kann also eigene Kompositionen im Internet zum Download zur Verfügung stellen

Es gibt natürlich auch noch andere Einsatzmöglichkeiten für MIDI-Files, zum Beispiel den mehr oder weniger professionellen Handel. Es gibt unzählige Anbieter im Internet, von den wichtigsten Repertoirestücken der klassischen Musik bis zum neuesten Hit lässt sich (beinahe) alles finden; allerdings schwankt auch die Qualität der angebotenen MIDI-Files beträchtlich: Von der notengetreuen Transkription bis zu Songs, die nur noch am Titel zu erkennen sind, findet sich fast alles (einige Startadressen finden sich im Anhang). Auch Tauschforen für MIDI-Files gibt es im Internet. Es empfiehlt sich also, einen unbekannten Anbieter erst einmal auszuprobieren oder sich mit Bekannten oder in Chat-Foren auszutauschen, was einem oft viel Ärger ersparen kann. Auch für MIDI-Files im Internet gilt: Qualität hat ihren Preis ...

Übrigens: Auch MIDI-Files unterliegen den Bestimmungen des Urheberrechts!

Da die Anzahl kommerzieller und privater Anbieter unüberschaubar ist, haben wir eine Liste im Anhang aufgeführt. Dort finden Sie eine Übersicht über MIDI-File-Suchmaschinen und Anbieterseiten.

TIPP! MIDI-Files kann man nicht nur mit speziellen MIDI-File-Suchmaschinen finden, sondern auch mit einer „normalen" Suchmaschine, da diese Dateien fast immer die Endung .mid besitzen.

5. MP3

Was liegt näher, als das Internet direkt zum Download von Musikstücken, also Audio-Daten zu verwenden? Die Sache hat allerdings einen kleinen Haken: Audiodaten sind extrem umfangreich. Man kann für die Aufzeichnung von einer Minute Musik in CD-Qualität mit ungefähr 10 Megabyte Daten rechnen. Ein durchschnittlicher Pop-Song von 3-4 Minuten Länge erreicht also bereits eine Datenmenge von 40 Megabyte.

Eine solche Datenmenge zu übertragen, kann selbst mit einem schnellen Modem oder einem ISDN-Anschluss Stunden dauern. Deshalb ist es meistens völlig unpraktikabel, sich komplette CDs in hoher Qualität aus dem Internet zusammenzustellen, da die Gebühren für den Daten-Download sehr schnell den Preis der CDs im Laden übersteigen können.

Um die Ladezeiten zu verringern, wird die Musik mit einem Algorithmus (einer Rechenvorschrift) zur Datenreduktion bearbeitet. Ein solcher (nicht der einzige) Algorithmus ist das am Fraunhofer Institut entwickelte *MPEG Audio Layer 3*, kurz: MP3. MP3 macht sich das Phänomen der akustischen Verdeckung zunutze. Vereinfacht funktioniert das Ganze so:

Stellen Sie sich vor, Sie stehen im Wald und hören die Vögel zwitschern. Plötzlich fährt auf der nahegelegenen Straße ein schwerer Lastzug mit großem Getöse vorbei. In diesem Moment können Sie das Vogelzwitschern nicht mehr hören, auch wenn es tatsächlich noch vorhanden ist.

Auch ein Mikrofon würde sowohl das Gezwitscher, als auch den Lastzug aufnehmen. Bei der Wiedergabe würden Sie allerdings wieder nur den Lastzug hören. Der MP3-Algorithmus entfernt nach komplizierten Rechenregeln solche nicht hörbaren Töne oder Geräusche aus dem Audiosignal und erreicht so eine starke Verringerung der Datenmenge.

Erreicht wird auf diesem Weg eine Verkleinerung der Datenmenge (und damit auch der für den Download benötigten Zeit) ungefähr um den Faktor 12, so dass das Musikstück des obigen Beispiels nur noch ungefähr 3,5 MByte groß wäre. MP3 ist kein völlig verlustfreies Verfahren (tatsächlich werden ja Daten dauerhaft aus dem Signal entfernt), aber Experten sind sich einig, dass die Unterschiede zwischen dem ursprünglichen Signal und der MP3-Version desselben Signals sehr gering sind.

MP3-Player

Wo soviel Licht ist, gibt es natürlich auch Schatten. Die schlechte Nachricht zuerst: Bevor Sie mit Ihren gerade aus dem Internet geladenen MP3-Dateien irgendetwas anfangen können, brauchen Sie eine geeignete Abspielsoftware. Selbst wenn Sie diese Daten auf CD brennen, kann Ihr CD-Player mit diesen Daten (die ja in einem speziellen Format sind) zumindest zur Zeit wenig anfangen.

Und nun die gute Nachricht: Der zum Lieferumfang von Windows gehörende Windows MediaPlayer beherrscht mittlerweile das MP3-Format. Sie besitzen also bereits eine völlig kostenlose MP3-Software. Auch der an anderer Stelle in diesem Buch erwähnte RealPlayer G2 für Windows und Apple Macintosh/Power PC kann MP3-Dateien abspielen. Komfortabler geht es natürlich mit spezieller MP3-Software. Auch die gibt es im Internet als Freeware, Shareware oder kommerzielle Software in Massen.

Es empfiehlt sich, einfach einmal bei einer der unzähligen Software-Sammlungen hereinzuschauen (z. B. `http://www.tucows.com` oder `http://www.easysoft.com`) oder direkt auf den Seiten des jeweiligen Herstellers. Einen der beliebtesten MP3-Player für Windows, den WinAmp, finden Sie unter `http://www.winamp.com` zum Download.

Sie besitzen jetzt also einige Ihrer Lieblingssongs als MP3-Dateien auf Ihrer Festplatte. Mit einem MP3-Player können Sie diese Dateien über die Soundkarte oder den Audio-Ausgang Ihres Rechners wiedergeben. Natürlich hängt das Ergebnis ein bisschen von der Qualität der verwendeten Soundkarte und vor allem von den Boxen ab; von einer handflächengroßen Box können Sie keinen bodenerschütternden Bass erwarten. Sollten Sie zu den glücklichen Besitzern einer hochwertigen Soundkarte mit guten Lautsprechern oder zu denen gehören, die Ihren Computer direkt an die HiFi-Anlage angeschlossen haben, sollte das Ergebnis allerdings fast CD-Qualität erreichen.

Natürlich können MP3-Dateien auch in einer für jeden normalen CD-Player lesbaren Form auf CD „gebrannt" werden, vorausgesetzt, die verwendete Brennsoftware unterstützt das MP3-Format.

Viele der Shareware- und die meisten kommerziellen Brennprogramme tun dies mittlerweile; aber je nach Interessenlage kann dies ein wichtiger Punkt bei der Kaufentscheidung für ein bestimmtes Programm sein.

Um eine MP3-Datei in eine normale Audiodatei umzuwandeln können Sie auch einen **MP3-Decoder** verwenden. Das Gegenstück, der **MP3-Encoder** konvertiert Ihre Audiodateien in MP3-Files. Es gibt auch einige Programme, die in beide Richtungen konvertieren können. Sie finden Sie (sofern sie Free- oder Shareware sind) in den oben genannten Software-Sammlungen.

Tragbare MP3-Player

Das ist aber noch lange nicht alles, was Sie mit Ihren MP3-Dateien machen können: Es gibt tragbare MP3-Player (vergleichbar dem Walkman), mit denen Sie Ihre Lieblingstücke auch zum Joggen, in die Schule oder zur Arbeit mitnehmen können. Dies sind im Prinzip Abspielgeräte mit MP3-Software und einem Speichermedium. Dieses Speichermedium wird vom Computer aus mit MP-Dateien „beladen" und los geht's.

Einen kleinen Nachteil hat die Sache: Das interne Speichermedium des MP3-Players hat nur eine begrenzte Kapazität; ist es voll, oder wollen Sie einmal andere Songs mitnehmen, müssen alte Stücke gelöscht und neue eingeladen werden, was auf jeden Fall umständlicher ist und länger dauert, als beispielsweise das Wechseln einer CD.

Einen großen Vorteil haben MP3-Player allerdings auch: Im Unterschied zu Mini-Disk, Walkman, Kassettenrecorder etc. haben MP3-Player keine komplizierte Mechanik mit vielen beweglichen Teilen und sind deshalb sehr unempfindlich gegen Stöße, Wüstenhitze, Polarkälte und andere mechanische Belastungen.

MP3 im Internet

Die vielleicht wichtigste Anwendung von MP3-Dateien für Internet-Musiker ist aber natürlich, die eigene Musik im Internet zum Download anzubieten. Niemand würde den Song einer ihm völlig unbekannten Band oder eines Interpreten downloaden, wenn der Download eine oder sogar zwei Stunden dauern würde, wie es bei einer Audio-Datei in CD-Qualität der Fall wäre. Auch das Interesse für Musik in Telefonqualität (was eine andere Methode wäre, die zu übertragende Datenmenge zu verkleinern) hat in letzter Zeit stark nachgelassen.

MP3 hingegen ist das ideale Format, um die eigene Musik im Internet zu präsentieren: Der Download eines kompletten Songs dauert nur einige Minuten, die gebotene Qualität hingegen sollte auch kritische Hörer zufriedenstellen. Da ein Großteil der MP3-Software auch „normale" Audio-Daten einlesen und im MP3-Format wieder abspeichern kann; können eigene Stücke ohne großen Aufwand für das Internet aufbereitet werden; die entstandenen Dateien können Interessierten dann auf der eigenen Homepage zum Download angeboten werden, z. B. als „Appetizer" aus der gerade produzierten CD.

Mit dem MP3-Format ist es auch einer unbekannten Amateurband oder dem im Wohnzimmer produzierenden Solisten möglich, ihre Musik einem weltweiten Publikum vorzustellen, ohne eine Plattenfirma, einen Vertrieb oder ein Management zu besitzen.

Achtung! Auch MP3-Dateien im Internet unterliegen selbstverständlich dem Urheberrecht. Das bedeutet, diese Daten dürfen ohne Zustimmung des Rechteinhabers weder heruntergeladen, noch kopiert, vervielfältigt, weitergegeben oder gar weiterverkauft werden. Zuwiderhandlung ist in der BRD und den Mitgliedsstaaten des internationalen Urheberrechtsabkommens strafbar!

Dieser und viele weitere Sachverhalte des Internet-Rechts sind zwar im Moment noch nicht einwandfrei geklärt, so dass man sich juristisch in einer etwas unklaren „Grauzone" bewegt, die ersten Musterprozesse laufen jedoch bereits ...

Im Anhang befindet sich eine Liste mit MP3-Suchmaschinen und Anbieterseiten. Hier kann man sich einen ersten Eindruck über das Angebot verschaffen. Es kommen jedoch täglich mehr Anbieter hinzu.

Musiktauschbörsen

Programme für Musiktauschbörsen sind praktisch unverzichtbares Zubehör für jeden Surfer, der sich für Audio-Files im MP3-Format interessiert. „Urvater" dieser Gattung ist das Programm Napster (die Macintosh-Version heißt Macster). Es wurde von einem MP3-Fan geschrieben, der sich ständig über ungültige Links, unorganisierte FTP-Server und langsame Downloads geärgert hatte. Napster findet und lädt das gewünschte MP3-File* und erspart so dem Anwender stundenlange Suche.

Das ist aber noch nicht alles: Napster ist ein vollwertiger MP3-Player, enthält eine Chat-Funktion, über die man sich mit anderen Musikinteressierten im Internet unterhalten kann, und ermöglicht einem eine „Hotlist" der eigenen Lieblingsquellen für MP3-Files anzulegen sowie einiges mehr.

Gnutella (die Macintosh-Version heißt Mactella) ist ein Programm für den Austausch beliebiger Files über das Internet und kann natürlich auch für den Download von MP3-Files verwendet werden. Ähnliche Programme sind zum Beispiel Aimster oder Limewire für den Macintosh sowie Morpheus oder Audiogalaxy Satellite für Windows-Rechner.

Hier sind die Adressen:

Napster
`http://www.napster.com`

Gnutella
`http://www.gnutella.co.uk`

Mactella
`http://www.cxc.com`

Aimster
`http://www.aimster.com`

Limewire
`http://www.limewire.com`

Audiogalaxy Satellite
`http://www.audiogalaxy.com`

TIPP! Weitere Informationen über das Format MP3 kann man beim Fraunhofer Institut bekommen:

`http://www.iis.fhg.de`

* Achtung: Die Rechtslage zum Thema „MP3-Download aus dem Internet" ist nach wie vor unklar.

7. Internetzeitungen für Musiker

Internet-Zeitungen lassen sich grob in zwei Gruppen einteilen:

- die reinen Internet-Publikationen (E-Zines für Electronic Magazines oder auch Webzines) und

- die Internet-Ausgaben von normalen Printmedien.

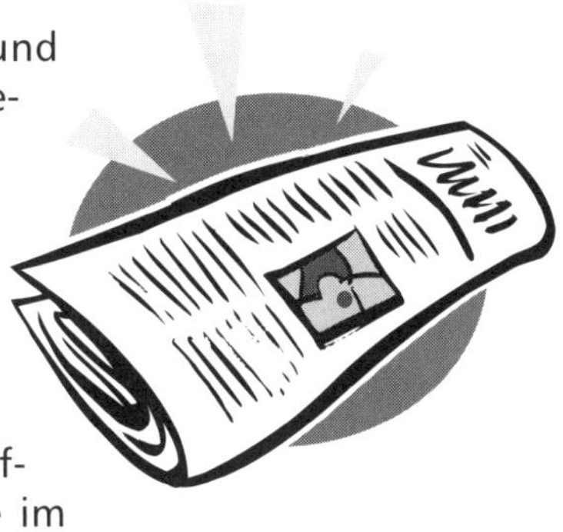

Die meisten traditionellen Zeitschriften und Zeitungen sind mittlerweile mit eigenen Homepages im Internet vertreten, auf denen Artikel aus älteren Ausgaben angesehen und eventuell downgeladen werden können. Die neueste Ausgabe werden Sie beinahe überall vergeblich suchen, denn die soll ja noch am Kiosk verkauft werden ...

Ebenso sind alle wichtigen Musik-Zeitschriften der Welt und aller Sparten mittlerweile im Internet vertreten; viele bieten auch an, Leserbriefe in Form einer E-Mail zu verschicken. Das Service-Angebot im Internet geht häufig weit über das der Druckausgabe hinaus, so werden oft Kontaktbörsen für Musiker oder Instrumentenkauf angeboten, bei denen die Reaktion innerhalb von Stunden erfolgt.

Manche der reinen E-Zines bieten ein Online-Abonnement an. Hier können Sie gegen Gebühr – oder bei enthusiastischen Herausgebern auch umsonst – das E-Zine abonnieren und erhalten dann die jeweils neueste Ausgabe automatisch als E-Mail oder pdf-Datei zugestellt.

Im Anhang haben wir die Adressen der wichtigsten Publikationen zusammengestellt, schauen Sie einfach mal rein.

8. Klassische Musik

Auch für eher traditionell orientierte Musiker hält das Internet eine Fülle an Informationen bereit. Die Trennung zwischen U- und E-Musik findet sich offensichtlich auch im Internet wieder.

Ob die gemeinsame Liebe zu einem Komponisten, einem Instrument oder einer Epoche: Sie werden irgendwo im Internet verwandte Geister finden. Außerdem gibt es im Internet umfangreiche Notensammlungen, welche Noten als pdf-Files oder als MIDI-Files zum Download bereitstellen.

Hier sind die Adressen zweier großer MIDI-File-Sammlungen, die auf klassische Musik spezialisiert sind; weitere finden Sie im Anhang.

`http://midiworld.com/classic.htm`

`http://piano-midi.com`

Auch Newsgroups zu Themen der klassischen Musik gibt es in großer Anzahl, hier nur einige Beispiele:

`alt.fan.shostakovich`

`rec.music.celtic`

`rec.music.opera`

`rec.music.classical`

`rec.music.classical.guitar`

`rec.music.classical.performing`

`rec.music.classical.recordings`

TIPP! Eine gute Anlaufstelle für klassisch interessierte Musiker ist das Deutsche Musikinformationszentrum des Deutschen Musikrates:

`http://www.miz.org`

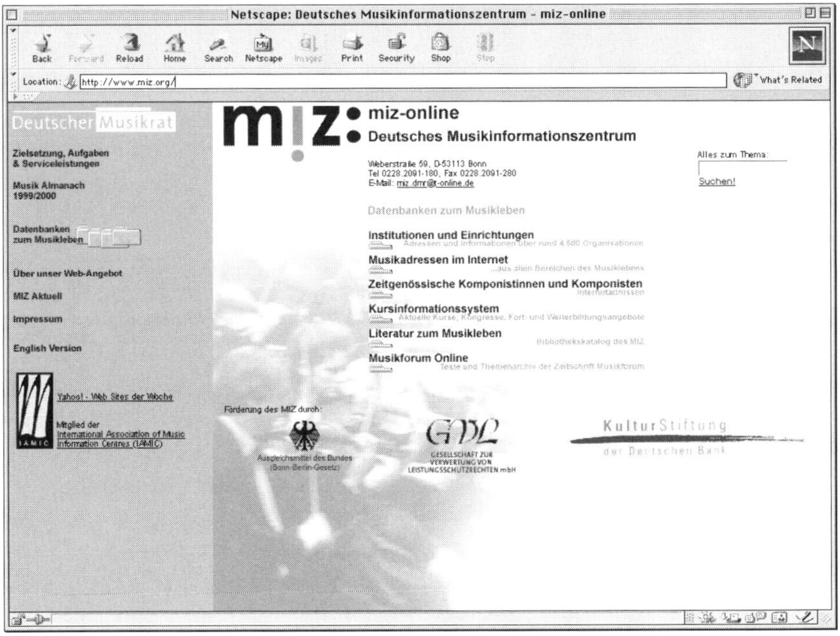

9. Jazz im Internet

Gute Ausgangspunkte für Jazzer und Jazzliebhaber in Deutschland sind die Seiten des Jazzinstituts Darmstadt und der Union Deutscher Jazzmusiker:

Jazzinstitut Darmstadt

`http://stadt.darmstadt.gmd.de/kultur/musik/jazz.html`

Union Deutscher Jazzmusiker

`http://www.udj.de`

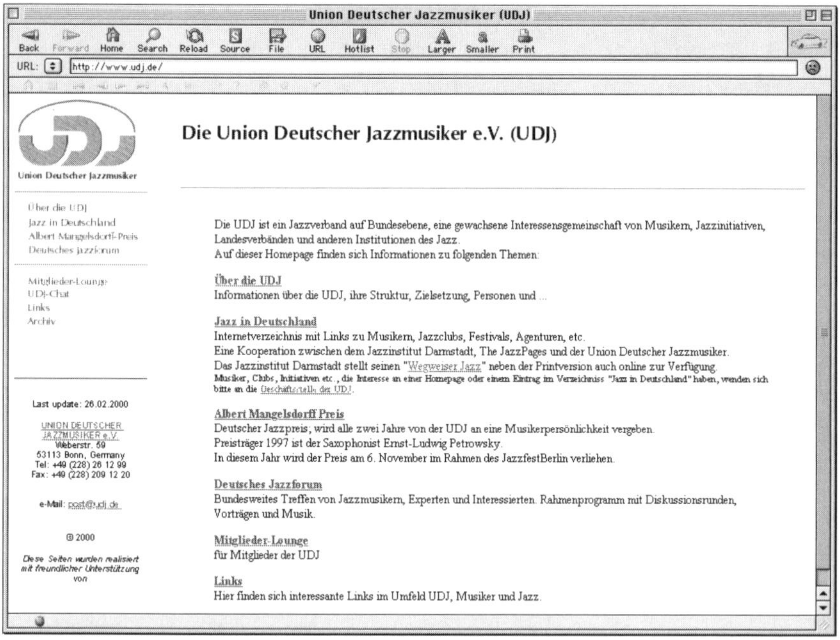

www.udj.de

Es gibt natürlich noch viele weitere Seiten, z. B.

Deutsche Jazzföderation	`http://www.djf.de`
Deutsche Jazzwoche 2000	`http://www.deutschejazzwoche.de`
The JazzPages	`http://www.jazzpages.com`
Jazznetzwerk	`http://www.jazznetz.de`
Das Jugendjazzorchester	`http://www.bujazzo.de`
Jazzinitiative Frankfurt e.V.	`http://www.jazz-frankfurt.de`
Jazzbüro Hamburg e.V.	`http://www.jazzhamburg.de`
The Styles of Jazz	`http://www.nwu.edu/WNUR/jazz/styles`
"What is Jazz?"	`http://town.hall.org/Archives/radio/Kennedy/Taylor`

Weitere Links finden sich auch bei

`http://www.wdr.de/radio/jazz/links.html`

10. Songtexte

Sie suchen den Text der zweiten bis vierten Strophe Ihres Lieblings-Songs oder die Lyrics der Live-Fassung eines Stückes, die von der Studio-Version abweichen? – Im Internet kein Problem. Unzählige Fans und Musiker haben sich die Mühe gemacht, Texte ihrer Idole in großen Mengen zusammenzutragen.

Viele dieser Websites stehen unter einem bestimmten Motto; so finden Sie beispielweise eine große Auswahl deutscher Schlagertexte unter `http://www.khadija.de`. Einige weitere Adressen haben wir im Anhang zusammengestellt. Auch mit den großen Suchmaschinen werden Sie relativ leicht fündig, indem Sie Suchbegriffe wie *+Lyrics +Pop* oder *+Liedtexte +Minnesang* verwenden.

Auch die einfache Eingabe des genauen Song-Titels oder eines Satzteils einer Strophe führt meistens zum Erfolg. Auch innerhalb vieler Newsgroups kann Ihnen auf Anfrage sicher weitergeholfen werden. Für den Einstieg haben wir hier wieder eine rein subjektive Auswahl getroffen:

Lyrics-Online	`http://www.lyrics-online.de`
HitKid	`http://www.hitkid.de`
Lyriks	`http://www.lyriks.de`
Lyricsuche	`http://www.lyricsuche.de`

Hier wieder der Hinweis, dass selbstverständlich auch die meisten Songtexte dem Urheberrecht unterliegen und ohne die ausdrückliche Erlaubnis des Urhebers in keiner Form verwendet werden dürfen.

Ausnahmen bilden die Texte sogenannter Traditionals oder Volkslieder sowie Texte, deren Urheber länger als 70 Jahre nicht mehr lebt.

11. Newsgroups

Eine weitere faszinierende Möglichkeit des Internets, die Sie wahrscheinlich bald nicht mehr missen wollen, ist die Teilnahme an (oder das Abonnement) von Newsgroups.

Der Gedanke hinter den Newsgroups ist einfach: Da das Internet Menschen auf der ganzen Welt miteinander verbindet, wäre es doch möglich, besondere „Treffplätze", ein „schwarzes Brett" oder „Pinbrett" in diesem Netz besonderen Interessengruppen zur Verfügung zu stellen. So könnten Oldtimerfans mit anderen Oldtimerfans, Michael Jackson-Verehrer miteinander oder Musiker mit Musikern weltweit und zu jeder Tageszeit über sie interessierende Themen kommunizieren. Wenn diese „Treffplätze" von jedermann leicht zu finden und allen frei zugänglich wären, könnten dutzende, hunderte oder sogar tausende von Menschen sich über ein bestimmtes Thema austauschen. Menschen, die über die ganze Welt verstreut und unter unterschiedlichsten Bedingungen leben und die sich unter normalen Umständen niemals begegnet wären, könnten – vereint durch das gemeinsame Interesse an einer Sache – diskutieren, sich gegenseitig helfen, Wissen teilen usw. Klingt gut, oder?

Und genau so ein jedem frei zugänglicher „Treffplatz" ist eine Newsgroup. (Übrigens: Newsgroup, Newsgruppe, Diskussionsforum oder Usenet sind im Prinzip verschiedene Namen für dieselbe Sache).

Das funktioniert so: Es gibt zehntausende dieser Treffplätze weltweit, mit ebensovielen Diskussionsthemen. Diese Newsgroups werden von sogenannten Newsservern verwaltet und jedesmal, wenn Sie oder jemand anderes einen Beitrag in einer dieser Newsgroups schreiben (man sagt auch: posten) wird dieser an alle anderen Newsserver weltweit weitergegeben.

Ihr Provider hält eine Auswahl der wichtigsten Newsgroups für Sie bereit. Die Anzahl kann je nach Provider zwischen einigen hundert und mehreren tausend liegen. Um ein völliges Chaos zu vermeiden, folgt die Namensgebung dieser Newsgroups einem bestimmten Schema: mehrere Namen, die durch Punkte voneinander getrennt sind.

Aus diesen Namen lässt sich mit etwas Übung das Thema der Newsgroup erraten, z. B. steht *de.* für eine deutschsprachige Newsgroup, oder die Abkürzung *rec.* für *recreational*, also Erholung oder Freizeit (Beispiel: `rec.music.beatles`).

Wenn Sie das gesuchte Thema nicht sofort finden, muss das nicht bedeuten, dass es keine Newsgroup zu diesem Thema gibt. Häufig finden Sie Ihr Thema unter einem Synonym oder in einer anderen Sprache, also beispielsweise cat statt Katze.

Hier sind einige der häufigsten Namensbestandteile von Newsgroups:

`de`	Deutschsprachige Newsgroup.
`fr`	Newsgroup in französischer Sprache.
`comp`	Computer und verwandte Themen.
`sci`	Wissenschaft (science).
`rec`	Freizeit und Erholung (Recreation).
`soc`	Gesellschaftsthemen und Soziales.
`misc`	Verschiedenes (miscellaneous).
`org`	Verschiedene Organisationen.
`talk`	Gespräche über alles mögliche.

Newsgroup-Abonnement

Zunächst müssen Sie in den Einstellungen Ihres Browsers den Namen des Newsservers eingeben. Diesen Namen bekommen Sie von Ihrem Provider mitgeteilt. Wenn Sie nun in Ihrem Browser die News-Abteilung öffnen (im Communicator ist das z. B. der „Messenger") und den Eintrag des Newsservers anwählen, werden Sie aufgefordert, aus einer meist umfangreichen Liste Newsgroups auszuwählen und zu abonnieren.

Abonnieren bedeutet nichts weiter, als dass Sie Ihrem Browser angeben, dass er beim Zugriff auf den Server Ihres Providers den Inhalt dieser Newsgroups aktualisiert. Sie können Ihrem Browser auch Kriterien für die Auswahl der News angeben, so beispielsweise ob Sie alle Postings einer bestimmten Newsgroup lesen wollen oder nur die 50 neuesten usw.

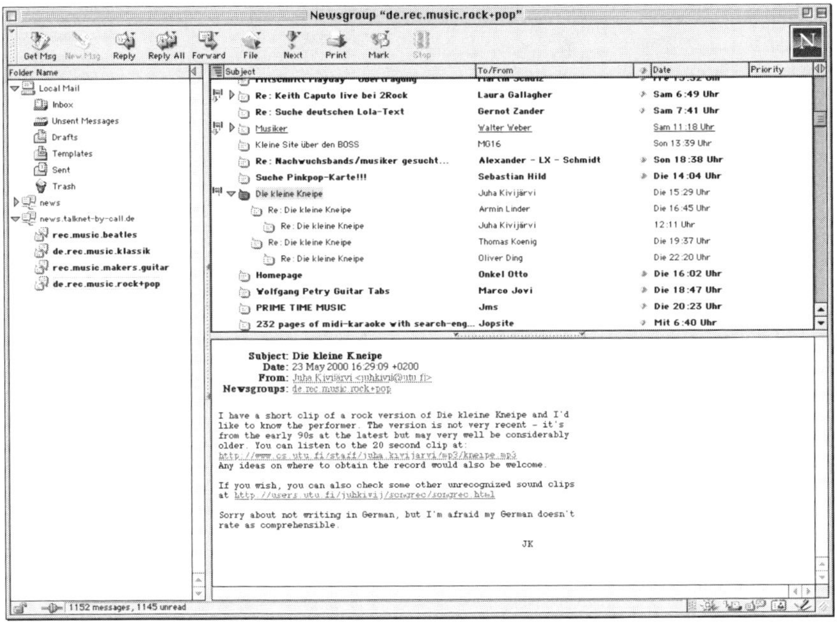

Netscape Messenger-Fenster

1. Spalte links: abonnierte Newsgroups eines Servers
2. Spalte oben rechts: Mitteilungen und Antworten („Re") der unter 1 ausgewälten Newsgroup
3. Spalte unten rechts: der Text der unter 2 angewählten Mitteilung

Die Bedienung ist fast selbsterklärend: Mit den Tasten am oberen Fensterrand können Sie die angewählte Mitteilung beantworten.

Tipp: Wenn Sie sich Ihrer Fähigkeiten als „Poster" nicht ganz sicher sind, oder einfach ein bisschen üben wollen; es gibt einige Newsgroups mit dem Titel *Test*, die genau dafür gedacht sind ...

Wenn eine Sie interessierende Newsgroup im Angebot Ihres Providers fehlen sollte, können Sie diese eventuell über einen der zahlreichen öffentlichen Newsserver abonnieren. Leider ändern sich die Adressen dieser öffentlichen Newsserver so schnell, dass es kaum lohnt, hier Adressen anzugeben. Sie finden diese Server aber über die üblichen Suchmaschinen. Eine Möglichkeit mit dem Browser Newsgroups zu durchsuchen bietet `www.deja.com/usenet`.

TIPP! Ein kleiner Tipp am Rande: Sollten Sie zum ersten Mal in einem Chat-Forum oder einer Newsgroup landen, ist es eine gute Idee, sich erst einmal entspannt zurückzulehnen und den anderen zuzuhören. Meistens stoßen Sie nämlich auf Gespräche, die schon länger andauern; und Sie haben es ja auch nicht gern, wenn ein Wildfremder – ohne zu wissen, wovon genau die Rede ist – in ein Gespräch mit Ihren Freunden hereinplatzt und ungefragt seine Meinung zum Besten gibt, oder?

Die meisten Newsgroups verfügen auch über eine eigene sogenannte Charta, eine Art Vereinbarung der Gruppenteilnehmer untereinander, welche Verhaltensweisen in der betreffenden Newsgroup erlaubt oder ausdrücklich erwünscht sind und welche nicht. Diese Charta wird regelmäßig in der Newsgroup gepostet, so dass Sie auch Neueinsteiger irgendwann zu sehen bekommen. Lesen Sie die Charta und halten Sie sich daran!

Und ein letzter Tipp: Alle Beiträge in Newsgroups sind frei zugänglich und werden von allen Suchmachinen regelmäßig abgesucht und in Datenbanken verwaltet. Sie können weltweit und durch alle Newsgroups hindurch nach Informationen suchen.

Aber Vorsicht: Sie sollten nur Nachrichten posten, welche Ihr Vorgesetzter, Ihre Arbeitskollegen und Freunde usw. bedenkenlos lesen dürfen. Machen Sie sich niemals in einer Newsgroup über Ihren Chef lustig oder ähnliches ...

Akronyme und Smileys

In E-Mails, Newsgroups und Chat-Foren werden häufig sogenannte Akronyme benutzt, das sind Abkürzungen ganzer Sätze. Es gibt Unmengen von Akronymen und täglich kommen neue hinzu, hier sind für den Einstieg einige der wichtigsten zusammengestellt:

2L8	too late (zu spät)
AAMOF	as a matter of fact (tatsächlich)
AFAIK	as far as I know (so weit ich weiß)
B4N	bye for now (Tschüss)
BTW	by the way (wo wir gerade davon reden)
CMIIW	correct me if I'm wrong (verbessern Sie mich, wenn ich mich irre)
CUL	see you later (wir sehen uns)
FWIW	for what it's worth (was auch immer es wert sein mag)
IAC	in any case (auf jeden Fall)
IKWUM	I know what you mean (ich weiß, was Sie meinen)
IMHO	in my humble opinion (meiner bescheidenen Meinung nach)
IOW	in other words (mit anderen Worten)
KWIM	know what I mean (Sie wissen schon, was ich meine)
LOL	laughing out loud (laut lachend)
NBIF	no basis in fact (aus der Luft geholt)
OTOH	on the other hand (auf der anderen Seite)
ROTFL	rolling on the floor laughing (ich überschlage mich vor Lachen auf dem Boden)
RTFM	read the f...... manual (Lesen Sie die verd... Bedienungsanleitung)
TIA	thanks in advance (Danke im Voraus)
TNX	thanks (Danke)

Eine weitere Abkürzungsvariante in jeder Form elektronischer Kommunikation sind Emoticons, oft auch smileys genannt. Dies sind kleine Grafiken, die aus Buchstaben, Satzzeichen und anderen Tastaturzeichen zusammengestellt werden. Sie geben den momentanen Gemütszustand wieder; auf diesem Weg kann man z. B. in eine E-Mail ein Lächeln einbauen :).

Auch hier wieder nur eine kleine Auswahl:

:-)	glücklich
:)	lächelnd
:-(	traurig
;-)	zwinkernd
:-o	entsetzt, überrascht
:->	teuflisch, durchtrieben
:/	hmmm...
$-)	habe gerade im Lotto gewonnen

Netiquette

Zum Abschluss dieses Kapitels noch ein paar kurze Worte zur sogenannten Netiquette. Netiquette ist ein Kunstwort und aus Net (für das Internet) und Etiquette gebildet. Genau wie in der realen Welt gibt es auch im Internet Verhaltensmaßregeln, die den Umgang mit anderen Menschen angenehmer machen können. Das sind keine allgemeingültigen Gesetze, an die sich jeder halten muss, sondern nur Vorschläge, menschlich und entspannt miteinander umzugehen. Die Diskussionen zur Netiquette schlagen im Internet zuweilen hohe Wellen, aber zu einigen grundlegenden Regeln scheint doch ein gewisser Konsens zu existieren.

Interessierte können weitere Informationen aus dem Internet beziehen (beispielsweise unter `http://www.albion.com/netiquette/corerules.html`).

Hier sind 10 goldene Verhaltensregeln:

1. Denken Sie immer daran, dass Sie es mit Menschen zu tun haben und nicht mit Computern!

2. Halten Sie sich an dieselben Verhaltensregeln wie im richtigen Leben. Schreiben Sie nur das, was Sie Ihrem Gegenüber auch ins Gesicht sagen würden.

3. Denken Sie immer daran: Sitten und Gebräuche sind nach Regionen unterschiedlich. Halten Sie sich an lokale Konventionen.

4. Nehmen Sie stets Rücksicht auf Zeit und Bandbreite anderer Teilnehmer.

5. Geben Sie ein möglichst gutes Selbstbild ab.

6 Wenn Sie über Wissen verfügen, welches anderen fehlt, teilen Sie es mit ihnen.

7 Helfen Sie mit, „Schmäh-Kriege" (Flame Wars) unter Kontrolle zu halten und beteiligen Sie sich nicht daran.

8 Respektieren Sie die Privatsphäre anderer Teilnehmer.

9 Missbrauchen Sie niemals eine eventuelle Machtposition.

10 Verzeihen Sie anderen ihre Fehler.

Diese Regeln sollten Sie immer befolgen, wenn Sie nicht ständig mit Schmähungen überschüttet werden wollen und daran interessiert sind, dass andere mit Ihnen kommunizieren.

Dieses Thema soll hier nicht weiter vertieft werden, wie gesagt, ausführlichere Informationen gibts im Internet ...

12. Musikverlage im Internet

Auch für die Kontaktaufnahme mit einem Musikverlag ist das Internet ein recht geeignetes Medium. Fast alle Musikverlage sind mittlerweile im Internet vertreten, unabhängig davon, ob es sich um Verlage handelt, die sich mit dem Druck von Unterrichtswerken befassen, oder um Musikverlage im engeren Sinn.

Die Anzahl vergeblich verschickter Manuskripte bzw. CDs lässt sich beträchtlich verringern, wenn zuvor der eine oder andere Abend mit der Recherche verbracht wird, welche Verlage sich überhaupt für das eigene Material eignen.

Schon die riesige Anzahl der Musikverlage im Internet macht es unmöglich hier einen Tipp oder eine Empfehlung zu geben. Die Wahl eines Verlages ist zudem auch stark vom angestrebten Medium abhängig: Printmedium (Noten- bzw. Buchausgabe) oder Tonträger.

Eine umfangreiche Übersicht über die Verlagswelt im Internet findet sich im Anhang.

13. On Line Musical Community

Eine Artist Community (frei übersetzt: Künstler-Kommune) ist in der „wirklichen" Welt ein Zusammenschluss mehrerer Organisationen, die – ursprünglich ohne Profitinteresse – Künstler bei der Verwirklichung ihrer Ziele unterstützen. Die „Internet-Verwandten" dieser Organisationen werden als **O**n **L**ine **M**usical **C**ommunity (OLMC) bezeichnet und sind im Allgemeinen kommerzielle Unternehmen (Ausnahmen bestätigen auch hier die Regel).

Die OLMCs sind für Musiker einer der faszinierendsten, wenn nicht sogar der interessanteste Aspekt des Internets, bieten sie doch die Möglichkeit, die eigene Musik in bisher nicht möglicher Form zu präsentieren.

Die bekannteste OLMC ist:

MP3.com `http://www.mp3.com`

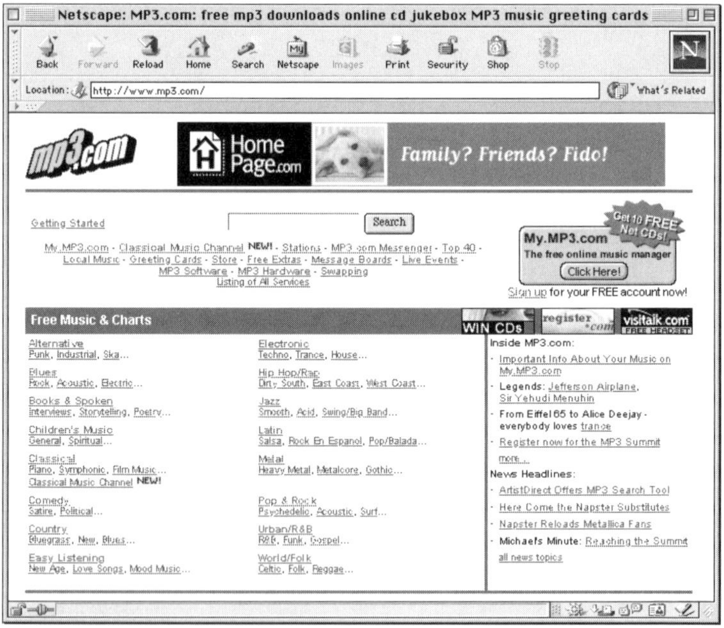

mp3.com

Um einen kleinen Eindruck des Gebotenen zu vermitteln, hier eine Übersicht über einige der von MP3.com für Künstler gebotenen Dienste:

- Payback for Playback – MP3 bezahlt die meistgehörten Künstler.
- Message Boards – Diskussionen über Musik und verwandte Themen
- Affiliate Signup – Geldverdienen durch die Präsentation anderer Musiker und Bands auf der eigenen Homepage.
- Live Events – hier können Bands Nachrichten über Auftritte an tausende von Fans verteilen.
- Stations – eigene Homepages mit einer Auswahl der besten MP3-Songs erstellen, mit Kommentaren und Empfehlungen usw.

Für die Nutzung dieser Dienste müssen Sie einen Vertrag mit der jeweiligen OLMC abschließen. Achten Sie darauf, dass dieser Vertrag nicht-exklusiv ist (das ist die Regel), so können Sie mit sovielen OLMCs Verträge abschließen, wie Sie wollen.

Webseite

Am interessantesten ist wahrscheinlich aber der folgende Dienst: mp3.com stellt Musikern und Bands eine eigene kostenfreie Webseite zur Verfügung! Dies soll hier in groben Umrissen vorgestellt werden.

Diese Webseite ist eine Art Formular, welches vom Künstler mit Bildern, Text usw. versehen werden kann und rund um die Uhr für Änderungen zur Verfügung steht. Die Erstellung und eventuelle Korrekturen dieser Webseite erfolgen mit einem Standard-Browser, die Anschaffung besonderer Software oder spezielle Kenntnisse sind nicht nötig.

Nachteil: Diese Wartungsmethode kostet mehr (Telefongebühren), als die Erstellung der Seite am heimischen Rechner und anschließende Übermittlung an den Server. Zusätzlich zu Bildern und Text können auf dieser Seite aber auch Songs oder ganze CDs vorgestellt werden. Das Besondere hieran: Die Band oder der Musiker entscheidet, welche Songs auf die CD kommen und wieviel diese kosten soll, MP3.COM kümmert sich um alle mit einem Verkauf zusammenhängenden Vorgänge (Pressen der CD, Labeldruck etc.). Dieser Service ist allerdings – im Gegensatz zur eigentlichen Webseite – nicht umsonst; zur Zeit verlangt MP3.COM einen Anteil von 50% ...

Um die eigene Musik einem Online-Publisher zur Verfügung zu stellen, muss sie zuerst ins MP3-Format konvertiert werden. Software hierfür findet man bei einer der großen Software-Sammlungen, die meisten dieser Programme sind Share- oder Freeware. Bei der Konvertierung eigener Audio-Dateien ins MP3-Format sollte vor allem die sogenannte Bit-Rate beachtet werden. Sie kann in einem guten MP3-Programm eingestellt werden. Es gilt hierbei: Je höher die Bit-Rate, desto besser die Qualität und desto größer die entstehende Datei. Für das Internet haben sich 128kbs als Quasi-Standard etabliert. Viele OLMCs haben auch genaue Auflagen für das Format von ihnen akzeptierter Daten; deshalb sollte man im Zweifelsfall immer vorher nachfragen.

Dass es auch anders geht, zeigen MPReal (`http://www.mpreal.com`). und ähnliche Firmen. Hier handelt es sich um ein kleineres englisches Unternehmen, das es Bands und Musikern ermöglichen will, mit ihrer Musik Geld zu verdienen, ohne in Werbung investieren zu müssen. Im Gegensatz zu „freien" MP3-Webseiten erlaubt MPReal keinen kostenfreien Download von Songs. Alle Stücke liegen hier im WMA-Format vor, was es MPReal ermöglicht, für den Download Kosten zu berechnen. Von jedem Stück gibt es bei MPReal eine kostenlose 30-Sekunden-Hörprobe, außerdem kann ein Song von jedem Künstler umsonst geladen werden. Alles weitere ist nicht teuer, aber auch nicht umsonst; bezahlt wird mit Kreditkarte.

Die Erstellung der Webseite wird komplett von MPReal übernommen, alle Daten (CD, Bandinfo, Bilder etc.) werden nicht über das Internet, sondern über die normale Post geliefert. Im Vergleich zu MP3 ist der Service von MPReal deutlich weniger umfassend, dafür braucht man sich aber nicht mit technischen Einzelheiten wie dem Einscannen von Bandfotos oder dem Konvertieren von MP3-Dateien zu befassen und zuguterletzt ist MPReal deutlich preisgünstiger (zur Zeit 25%).

Mehr Informationen finden sich auf den jeweiligen Homepages und weitere OLMCs können mit den großen Suchmaschinen gefunden werden.

14. Die eigene Homepage

Eine der faszinierendsten Facetten des Internets ist die Möglichkeit, auf der eigenen Homepage die eigene Band und ihre Musik einem weltweiten Millionenpublikum vorzustellen. Auf diese Art kann der traditionelle Weg über einen Verlag oder eine Plattenfirma umgangen werden.

Auch die Frage, inwieweit eine bestimmte Musik sich kommerziell „verwerten" lässt, stellt sich in dieser Form nicht. Live-Auftritte im eigenen Wohnzimmer oder der Garage, die mit Streaming Audio und Video weltweit gesehen werden können, sind mit relativ geringem Aufwand machbar. Wer bereit ist, hierbei einige Qualitätsabstriche zu machen, kann bereits für wenige hundert Mark „auf Sendung gehen" und dabei einen Großteil des in der Band bereits vorhandenen Equipments verwenden. Auch der Vertrieb der eigenen CD ist mit etwas Einsatz und Idealismus von der eigenen Homepage aus recht gut möglich.

Eine eigene **E-Mail-Adresse** für die Band ermöglicht es zudem, in direkten Kontakt mit dem Publikum zu treten. Sowohl für die Homepage als auch für die E-Mail-Adresse sollte auf einen möglichst direkten Zusammenhang zwischen Bandnamen und Adresse geachtet werden, damit auch „Zufallssucher" die Website auf Anhieb finden. Für das richtige Design und eine benutzerfreundliche Gestaltung der eigenen Homepage gibt es eine Vielzahl von Regeln.

Die vielleicht wichtigste lautet: Für die **Programmierung** der Homepage kann es sich lohnen, einen professionellen Webdesigner unter Vertrag zu nehmen, denn eine gut designte Homepage ist bereits die halbe Miete. Für ein ergonomisches und anziehendes Design gibt es zahlreiche zu beachtende Punkte und die meisten Musiker haben weder Zeit noch Lust, sich mit den Feinheiten von HTML (die für die Programmierung von Websites verwendete „Sprache") auseinanderzusetzen.

Außerdem kann ein professioneller Betreuer auch die Anmeldung der Website bei den zahlreichen Suchmaschinen vornehmen. Bei möglichst vielen der großen Suchmaschinen vertreten zu sein, ist die beste Voraussetzung für eine häufig besuchte Homepage.

Eine häufig besuchte Homepage wiederum lässt sich unter Umständen ganz oder teilweise über Sponsoring eines Werbepartners finanzieren. Mit etwas Geschick kann dieser Werbepartner übrigens durchaus ein Hersteller sein, dessen Produkte man tatsächlich selbst verwendet.

Wenn die Homepage **Audio-Daten** zum Download enthält, sollte darauf geachtet werden, dass diese in einem geeigneten Format zur Verfügung stehen. Dieses Format sollte so gewählt sein, dass die zu übertragende Datenmenge möglichst klein ist, aber trotzdem nur geringe Einbußen in der Audio-Qualität auftreten. Ein geeignetes und weitverbreitetes Format hierfür ist MP3, das an anderer Stelle ausführlicher besprochen wird.

TIPP! Die Präsentation von Audiodaten muss nicht unbedingt auf der eigenen Homepage geschehen. Hierfür gibt es mp3-Anbieter oder Music Communities, die dies professionell übernehmen.

Für sonstiges Werbematerial (Bandinfo, Kritiken, Konzertinformationen usw.) gelten im Prinzip die selben Richtlinien wie in normalen Printmedien auch.

15. Starseiten/Fanseiten

Natürlich finden sich auch (fast) alle berühmten Stars mittlerweile im Internet. Die meisten haben eine eigene Homepage (die sie allerdings häufig nicht selber betreuen) unter ihrem Namen und zusätzlich gibt es unzählige Fan-Sites, also Webseiten, die von besonders fanatischen Fans – authorisiert oder unauthorisiert – betreut werden. In einigen Fällen haben große Stars auch einfach ihren Lieblingsfanclub mit der Verwaltung ihrer Homepage betraut.

Ein guter Ausgangspunkt für die Suche nach der Homepage des eigenen Idols ist die Eingabe des Namens in eine der großen Suchmaschinen. In den meisten Fällen reicht diese Angabe völlig aus, um die entsprechende Homepage zu finden. Oft ist auch einfach der Name mit der Adresse identisch.

Die Qualität der Homepages oder auch der Fan-Sites reicht von „fürchterlich schlecht" bis „atemberaubend". Auf der von seinem offiziellen Fanclub betreuten Homepage von Yngwie Malmsteen zum Beispiel finden sich detaillierte Informationen nicht nur über seine Privatleben oder neueste Projekte, sondern auch über sein Equipment und seine Spieltechnik. Auf dieser Website kann man dem schwedischen Virtuosen sogar Fragen stellen, die er in regelmäßigen Abständen persönlich beantwortet.

Viele dieser Fan-Sites sind mit sehr viel Liebe zum Detail und hohem Arbeitsaufwand zusammengestellt und werden liebevoll auf dem neuesten Stand gehalten. Ob Fotos von Jon Bon Jovi beim Baden, Konzertkritiken von Fans über die aktuelle Tour der Rolling Stones, Interviews mit den Großen der Musikszene oder Details über die Arbeit mit dem vorher als Prince bekannten Artisten (der seine CDs eine Zeitlang ausschließlich über das Internet vertrieben hat) – im Internet gibt es für jeden etwas.

Für die Freunde des bewegten Bildes lassen sich auf vielen Sites kleine Video-Aufnahmen der Stars finden, die man herunterladen kann und mancher große Star stellt auf seiner Homepage auch schon einmal ein kurzes „Schnupperstückchen" aus seinem neuen Album vor, welches im Handel noch gar nicht erhältlich ist und heruntergeladen werden kann.

Selbst „Altstars“ wie Peter Gabriel oder David Bowie sind im Netz vertreten. Besonders Letzterer hat in den letzten Jahren mit seinen nichtmusikalischen Projekten (z. B. seiner Internetpräsenz und der Gründung einer Bank) Aufsehen erregt.

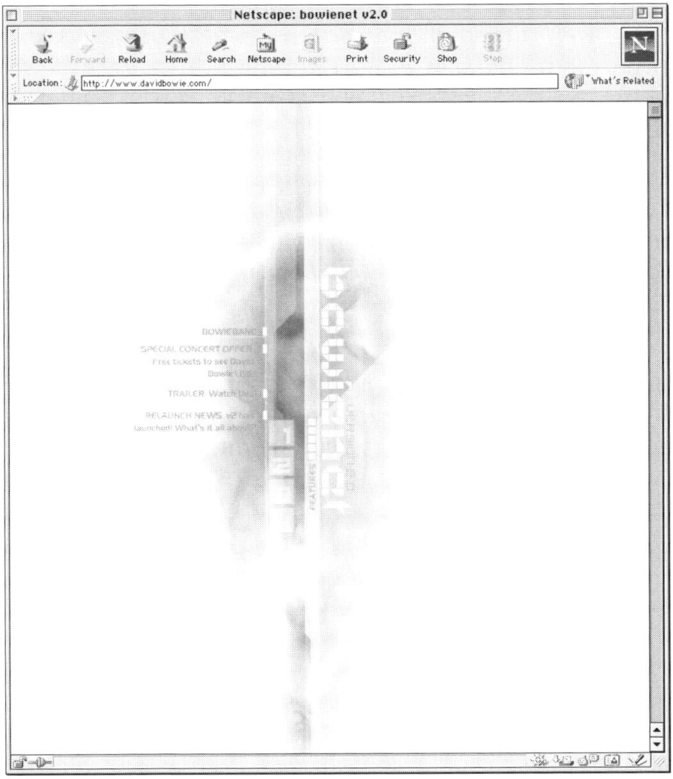

www.davidbowie.com

Im Anhang befindet sich eine große Liste von Fan-Sites, in denen man nach Herzenslust herumstöbern kann.

16. Chat

Web-Chat

Beim „Chatten" unterhält man sich live und in Echtzeit mit Kommunikationspartnern aus aller Welt. Internet-Profis sprechen gerne von Chat-Rooms, weil sich alle Teilnehmer im Prinzip in einem virtuellen Raum befinden, in dem jeder jeden hören und mit jedem reden kann.

Getippte Sätze und Kommentare erreichen hierbei innerhalb weniger Sekunden sämtliche gerade am Chat teilnehmenden Personen, unabhängig davon, wo diese sich gerade befinden.

Um an einem Chat teilzunehmen sind folgende Schritte nötig:

1. Man geht auf die Seite eines Chat-Anbieters. Fast jeder Provider gibt auf seiner Startseite Hinweise auf eigene oder fremde Chats. Andernfalls versuchen Sie es bei folgenden Adressen:

   `http://www.webchat.de` oder
   `http://de.dir.yahoo.com/Computer_und_Internet/Internet/Chat/Web_Chat`

2. Dort muss man sich einen Chat-Namen und ein Passwort aussuchen und damit einloggen.

3. Sofern mehrere Chat-Rooms vorhanden sind, wählt man sich einen aus. Diese Räume sind oft nach Themengebieten sortiert.

4. Der eigentliche Chat-Room ist ein Fenster, in dem sämtliche Textbeiträge der Teilnehmer mit Ihrem Namen aufgeführt werden.

5. Außerdem gibt es eine Eingabezeile, in die man die eigenen Beiträge eintippt. Diese erscheinen danach im Chatroom-Feld.

IRC

IRC ist die Abkürzung von Internet Relay Chat. Dies ist einer der ältesten Chats des Internets, der ursprünglich an der Universität von Helsinki in Finnland entwickelt wurde, um den dortigen Forschern die Gelegenheit zu geben, ihre Gedanken miteinander auszutauschen. Der IRC-Chat gehört nicht zum WWW, sondern ist nur mit besonderen Programmen, sogenannten IRC-Clients möglich.

Um am Internet Relay Chat teilnehmen zu können, benötigt man spezielle Software, nämlich einen sogenannten IRC-Client. Diese Programme gibt es als Free- oder Shareware, aber auch als kommerzielle Software bei den grossen Programmsammlungen wie beispielsweise Tucows. Bekannte IRC-Clients sind die Programme smIRCle, ChatNet oder Snak für den Apple Macintosh oder MIRCund PIRCH für Windows-Computer.

Die Kommunikation im IRC erfolgt auf den sogenannten IRC-Channels (IRC Kanäle). Ähnlich wie beim Funkgerät handelt es sich hier um „offene" Kanäle mit den verschiedensten Themen aus den verschiedensten Ländern. Es gibt Channels mit regionalen oder länderspezifischen Namen, themengebundene Channels (#sport #musik oder #kunst), solche mit Personen- oder Gruppennamen und Channels, deren Namen zu keiner dieser Gruppen gehört.

Allen Channels gemeinsam ist die Namensgebung. Die Raute (#) vor dem Channel-Namen ist zwingend vorgegeben und identifiziert den betreffenden Channel. Jeder Chatter kann einen Channel gründen, er wird dadurch automatisch zum Channel Operator, der besondere Rechte besitzt. Jeder Channel existiert genau so lange, wie sich mindestens ein Teilnehmer auf ihm befindet. Verlässt hingegen der letzte Teilnehmer den Channel, hört dieser auf zu existieren.

Hier sind einige für IRC-Chatter interessante Adressen:

IRC Chatsuchmaschine Deutschland
`http://www.ircchat.de`

IRC-Pages
`http://irc.pages.de`

Yet Another IRC Page
`http://irc.fu-berlin.de`

IRC-Fiebel
`http://www.fake.de/falo/ircfibel.htm`

Home of irc.de
`http://www.irc.de`

IRC Kurzanleitung
`http://www.rzuser.uni-heidelberg.de/~mseuffer/irc.html`

FC IRC-Chat
`http://sites.inka.de/sites/slayer/suedkurve.html`

IRC-Referenz
`http://people.frankfurt.netsurf.de/Michael.Weil/inhalt.htm`

Internet Relay Chat (IRC) Help
`http://www.irchelp.org`

5 Linksammlung

Linksammlung

Für den Start ins Internet ist hier eine reiche Auswahl von Links verschiedener Themenbereiche zusammengestellt.

Natürlich können die folgenden Listen weder vollständig noch auf dem aktuellsten Stand sein, da jeden Tag neue Seiten und Anbieter hinzukommen und auch wieder aus dem Netz verschwinden. Hier kann man nur auf die verschiedenen Suchmaschinen verweisen.

Zur besseren Übersicht, sind die Links in folgende Kategorien eingeteilt:

1 Musik allgemein (Verzeichnisse, Suchmaschinen, etc.)

2 Hersteller von Musikinstrumenten und Zubehör

3 Musikzeitschriften

4 Musikverlage (Printmedien und Tonträger)

5 MIDI-Verzeichnisse

6 MIDI Klassik

7 MIDI Pop

8 MP3-Suchmaschinen und -Verzeichnisse

9 MP3-Files

10 Musik-Festivals

11 Fanseiten

12 CD-Händler online

1. Musik allgemein

1st SPOT Music
http://1st-spot.net/topic_music.html

1st stop music links
http://www.users.globalnet.co.uk/~poperj/main.htm

Aardvark's Best Of The Web!
http://www.stl-music.com/hub.html

Amadillo
http://www.amadillo.de

AMW-Musiksuchmaschine
http://amw.purespace.de

Archive Of Musical Styles
http://www.stl-music.com/genre.shtml

Argus Music Searcher
http://www.fuzzlogic.com/argus

Athens Musician Network
http://music.athens.oh.us

Audio Recording Center
http://www.audio-recording-center.com

Bigbands in Deutschland
http://www.lauth.de/bigband

Canadian Music Web Sites
http://www.theinfoguide.com/canmusc.htm

CD & Video Search
http://members.tripod.com/CD_data/index.html

CD's Tapes Videos NewsKey
http://www.eaglenews.net/datadir/top07834.htm

CDcircus
http://cdcircus.hypermart.net

CultureKiosque KlassikNet
http://www.culturekiosque.com/klassik

Deutsches Musikinformationszentrum
http://www.miz.org

Doc Rock Show
http://www.infomusic.de

Dr. Prestamo's Music Links
http://www.okc.cc.ok.us/~mprestamo/mp3.html

Ensemble
http://www.ensemble.org

Entertainment Network NewsMusic
http://www.enn2.com/music.htm

GeoTunes
http://www.geotunes.com

Indie-Labels.Com
http://www.indie-labels.com/home.html

IndieHour
http://www.angelfire.com/or/indiehour

Internet Music Resource Guide
http://www.teleport.com/~celinec/music.shtml

Jayanth's Musical Links
http://www.studiojn.com/Music

Jukka's assorted music links
http://www.hut.fi/~jsaukkon/music.html

Klug-Suchen
http://www.klug-suchen.de/dat/Kultur/Musik

Linkliste: MusicWorld
http://www.musicworld.de

Literatur und Musik
http://www.navigator.purespace.de

Mad Squirrel Promotions
http://www.madsquirrel.net

Music Booking
http://www.music-booking.de

Music Forum
http://www.musicforum.de

Music Hits
http://www.musichits.de

Music in The Big Sky
http://homepages.msn.com/SpiritSt/kencolson

Music Industry Discussion List
http://www.ilist.net/musinc

Music Info Central
http://music-info.virtualave.net

Music Net
http://www.music-net.de

Music newsgroups list.
http://www.worldrecords.com/news/index.html

Music on the Internet
http://toltec.lib.utk.edu/~music/www.html

Music Online (Red House)
http://www.redhouse.com/music

Music Publishers Addresses
http://www.mpa.org/publist.html

Music resources
http://www.siba.fi/Kulttuuripalvelut/music.html

Music Review, The
http://www.musreview.com

Music Scene International
http://www.musicscene.com

Music Search
http://www.music-search.com

Music Search
http://music.webdata.com

Musical instrument's reference
http://www.musicarrangers.com/instruments

MusicalOnline
http://www.musicalonline.com

Musician's Page, The
http://www.enteract.com/~digialex

Musicians Making Money
http://www.bluestarenterprises.net/FreeNewsLetter.htm

Musicnet
http://www.moonsite.com/musicnet

Musicosm, The
http://www.musicosm.com

Musik Archiv
http://www.musikarchiv-online.de

Musik Box
http://www.musikbox.com

Musik, Bücher, CD's, MP3
http://www.adressinfo.de/musik/musik.html

Musik-Index
http://www.musik-index.de

Musik-Netz
http://www.musik-netz.de

Musik-Suchmaschine
http://www.my-musicchannel.de

Musikbranchenbuch
http://www.musikbranchenbuch.de

Musikdatenbank
http://www.musikdatenbank.de

Musikgrabber
http://www.musicgrabber.de

Musikinformationszentrum
http://www.miz.org

Musikvereine
http://www.musikverein.de

National Online Music Alliance
http://songs.com/noma

New Voices
http://www.bmic.co.uk/newvoices

Newbie's Guide to Music
http://www.ug.cs.dal.ca/pub/music.html

Nu Musik
http://www.nway.net/music

Orpheus Musikverzeichnis
http://www.orpheus.at

Popular Music Best Of Lists
http://home.rhein-zeitung.de/tommi.s

Record Labels on the Web
http://www.arancidamoeba.com/labels.html

Recorder.de
http://www.recorder.de

Rockstiftung Baden-Würtemberg
http://www.rocknetz.de

Royal Music
http://www.geocities.com/Athens/Forum/8424/music.html

Search Engines for CDs and Videos
http://members.tripod.com/CD_data

Sites & Sound Links
http://www.servtech.com/public/koberlan

SongSite - Christian music database
http://www.gentek.net/songs

Sonic Universe Music Resource
http://www.sonicuniverse.com

Soundbase Online
http://www.soundbase.de

SpiritQuest Music
http://www.geocities.com/Paris/Arc/3591/music.html

Supersonic Guide
http://www.head-space.com/iworld/supersonic

Texas Music Office
http://www.governor.state.tx.us/music

The coolest Top 100 music sites
http://209.68.47.176/music/hits/cool

The Greater Baltimore Record Pool
http://www.thegbrp.com

The Guide
http://theguide.gim.de

The Local Music Directory
http://www.localmusicdirectory.com

The Music & Audio Connection
http://musicandaudio.com

The Music Reference
http://www.musicref.com

The Musicians Resource Page
http://www2.bitstream.net/~weis0205/musicresource.html

The UASL
http://tbq.hypermart.net/UASL.html

track4 - das Musikerportal
http://www.track4.de/start/news.php3

tranceport
http://welcome.to/tranceport

TurboGuide
http://www.software-guide.com

UKMIX - UK Music Internet eXchange
http://www.ukmix.net

Webmusic
http://members.aol.com/seiderc/index.html

Webverzeichnis Zupfmusik
http://www.s-direktnet.de/homepages/wdt/zupflink.htm

Worldwide Internet Music Resources
http://www.music.indiana.edu/music_resources

WWW-Musikverzeichnis-Österreich
http://www.musica.at/www

2. Hersteller von Musikinstrumenten und Zubehör

Adamas (Kaman)
http://www.kamanmusic.com/strings

AER
http://www.aer-amps.de

AKAI (Deutschland)
http://www.akai-professional.de

AKG
http://www.akg-acoustics.com

Alesis
http://www.alesis.com

Alhambra
http://www.m-alhambra.es

Almansa
http://www.almansaguitars.com

Amati
http://www.amati.cz

Amek
http://www.amek.com

Ampeg
http://www.ampeg.com

Aphex
http://www.aphex.com

Arboretum
http://www.arboretum.com

Audiotechnica
http://www.audio-technica.com

Behringer
http://www.behringer.de

Bestservice
http://www.bestservice.de

Beyerdynamic
http://www.beyerdynamic.de

Blade Guitars
http://www.bladeguitars.com

Boomerang Musical Products
http://www.boomerangmusic.com

Brian Moore
http://www.bmcguitars.com

Cakewalk
http://www.cakewalk.com

Clavia
http://www.clavia.se

Crate
http://www.crateamps.com

Creamware (Deutschland)
http://www.creamware.de

Creative (Soundblaster)
http://www.creaf.com

Curbow
http://www.curbow.com

Cybersax
http://www.cybersax.com

Danelectro
http://www.danelectro.com

dbx
http://www.dbxpro.com

Dean Guitars
http://www.deanguitars.com

Dean Markley (Kaman)
http://www.deanmarkley.com

Digidesign
http://www.digidesign.com

Digital Audio Labs
http://www.digitalaudio.com

Digitech
http://www.digitech.com

DiMarzio
http://www.dimarzio.com

Dobro (Gibson)
http://www.gibson.com/products/dobro

DOD
http://www.dod.com

Doepfer
http://www.doepfer.de

Drummer's Web
http://www.drummersweb.com

DW
http://www.dwdrums.com

EMU
http://www.emu.com

Edwards
http://www.edwards-instruments.com

EES-Musik
http://www.ees-musik.de

Electro Voice
http://www.electrovoice.com

Emagic (Deutschland)
http://www.emagic.de

EMG
http://www.emginc.com

Ensoniq
http://www.ensoniq.com

Epiphone (Gibson)
http://www.gibson.com/products/epiphone

Ernie Ball
http://www.ernieball.com

ESP
http://www.espguitars.com

Euphonix
http://www.euphonix.com

Evans
http://www.daddario.com/Evans.html

Eventide
http://www.eventide.com

Evolution
http://www.evolution-pc.de

Fairlight
http://www.fairlightesp.com.au

FAR
http://www.far-audio.com

Fender
http://www.fender.com

Fibracell
http://www.fibracell.com

Fostex
http://www.fostex.com

Fylde
http://www.fyldeguitars.com

Geerdes
http://www.geerdes.de

Generalmusic
http://www.generalmusic.com

Getzen
http://www.getzen.com

Gibraltar (Kaman)
http://www.kamanmusic.com/gibraltar

Gibson
http://www.gibson.com

Godin/Seagull
http://www.lasido.com

Gretsch
http://www.gretsch.com

Groove Tubes Unser
http://www.groovetubes.com

Grosh Guitars
http://www.groshguitars.com

Hamer (Kaman)
http://www.kamanmusic.com/hamer

Hart Dynamics
http://www.hartdynamics.com

Hohner
http://www.hohnerusa.com

Hohnermidia
http://www.hohnermidia.com/germany.html

Hughes & Kettner
http://www.hughes-and-kettner.com

Ibanez
http://www.ibanez.com

Invision
http://www.invision.com

Jackson Guitars
http://www.jacksonguitars.com

Jim Dunlop
http://www.jimdunlop.com

Joemeek
http://www.joemeek.com

Johnson Amplification
http://www.johnson-amp.com

Kamanmusic
http://www.kamanmusic.com

Kawai
http://www.kawaius.com

Keilwerth GmbH
http://www.keilwerth.de

Korg
http://www.korg.de

Kurzweil
http://www.kurzweil-europe.de

Legere Reeds
http://www.legere.com

Lexicon
http://www.lexicon.com

Mackie Designs
http://www.mackie.com

Marshall
http://www.marshallamps.com

Martin
http://www.mguitar.com

Meinl-Weston
http://www.meinl-weston.com

Melton
http://www.meinl-weston.com

Mesaboogie
http://www.mesaboogie.com

midigital
http://www.midigital.de

Midiman
http://www.midiman.de

Miditemp
http://www.miditemp.com

Miyazawa
http://www.miyazawa.com

Modulus
http://www.dnai.com/~modulus

Moog (USA)
http://www.moogmusic.com

MOTU - Mark of the Unicorn
http://www.motu.com

Neumann
http://www.neumann.com

Newtronic
http://www.newtronic.com

Native Instruments
http://www.native-instruments.de

Novation
http://www.novationusa.com

Opcode
http://www.opcode.com

Ovation
http://www.kamanmusic.com/ovation

Paiste
http://www.paiste.com

Patricola Oboes and Clarinets
http://www.patricola.it

Pearl
http://www.pearldrum.com

Pearl Flutes
http://www.pearlflutes.com

Peavey
http://www.peavey.com

Proaudio
http://www.proaudio.de

Promark
http://www.promark-stix.com

Prosoniq
http://www.prosoniq.com

PRS-Guitars
http://www.prsguitars.com

Quasimidi
http://www.quasimidi.com

Rane
http://www.rane.com

Remo
http://www.remo.com

Rickenbacker
http://www.rickenbacker.com

Rivera
http://www.rivera.com

RM - Roger Mayer
http://www.roger-mayer.co.uk

Rocktron
http://www.rocktron.com

Roland (Deutschland)
http://www.rolandmusik.de

Roland (USA)
http://www.rolandus.com

Rossi Clarinets, Luis
http://www.rossiclarinet.cl

Sabian
http://www.sabian.com

Samick
http://www.samick.co.kr

Saxophon.com
http://www.saxophon.com

Schecter
http://www.schecterguitars.com

Selmer
http://www.selmer.com

Sennheiser
http://www.sennheiser.com

Soldano
http://www.soldano.com

Sonor
http://www.sonor.de

Sony
http://www.sony.de

Sound Service
http://www.soundservice.de

Soundblocker
http://www.soundblocker.c3c.com

Soundcraft
http://www.soundcraft.com

Soundpool
http://www.soundpool.de

Soundscape
http://www.soundscape-digital.com

Soundtracs
http://www.soundtracs.co.uk

Sovtek/Elektro-Harmonix
http://www.turnstyle.com/sovtek

SPL
http://www.spl-electronics.com

Steinberg
http://www.steinberg.de

Stick Enterprises
http://www.stick.com

Studer
http://www.studer.ch

Superial Reeds
http://www.superial.com

Syntec
http://www.syntec-gmbh.com

Synthax
http://www.synthax.de

T.C. Electronics
http://www.tcelectronic.de

Takamine (Kaman)
http://www.kamanmusic.com/takamine

TAMA
http://www.tama.com

Tannoy
http://www.tannoy.com

Tascam
http://www.tascam.com

Taylor-Guitars
http://www.taylorguitars.com

Terratec
http://www.terratec.de

Tobias (Gibson)
http://www.gibson.com/products/tobias

Toca Percussion (Kaman)
http://www.kamanmusic.com/toca

Toneworks
http://www.toneworks.de

Trace Elliot (Kaman)
http://www.trace-elliot.com

Turtle Beach
http://www.voyetra-turtle-beach.com

Vandoren
http://www.vandoren.com

Visu-Lite
http://www.visu-lite.com

Visual Sound
http://www.visualsound.net

Vox
http://www.voxshowroom.com

Waldorf
http://www.waldorf-gmbh.de

Warwick
http://www.warwickbass.com

Washburn
http://www.washburn.com

Waves
http://www.waves.com

Wizoo
http://www.wizoo.com

Yamaha
http://www.yamaha.com

Yamaha Europa
http://www.yamaha-europe.com

Zildjian
http://www.zildjian.com

3. Musikzeitschriften

181.4 Degrees from the Norm!
http://www.181-4.com

20th Century Guitar Magazine
http://www.tcguitar.com

@NZone Magazine
http://www.atnzone.com

A&R Observer
http://www.carlexinc.com/anr/index.html

Abbey Records Music E-zine
http://ds.dial.pipex.com/abbeyrecords/joinlist.htm

ABHFR Zine
http://www.abhfr.com

ACCESS Online
http://www.accessmag.com

Ace on the Net
http://www.aceonthenet.com

Acoustic Guitar Magazine
http://www.acguitar.com

ag-gitarre
http://www.ag-gitarre.de

Agents Of Steel
http://www.agents.heavy.net

Aktiv
http://www.aktivmusik.de

Aktiv Musikmagazin
http://www.aktivmusik.de

Akustik-Gitarre
http://www.akustik-gitarre.com

All Access Music Group
http://www.allaccess.com

alleinunterhalter-gitarre-saxophon
http://www.alleinunterhalter-gitarre-saxophon.de

Amazing Sounds
http://www.amazings.com

Amboss Magazin
http://www.amboss-mag.de

AMP - Alternate Music Press
http://www.alternatemusicpress.com

Anda
http://www.anda.de/flamenco

ArmageddonTimes
http://www.armageddontimes.ch

audiophil.net
http://www.audiophil.net

Auricle: electrozine of aural culture
http://www.auricle.cc

Aversion.com: Online Music Guide
http://www.aversion.com

Axis Magazine
http://www.axismag.com

Backstreets.com - The Boss Website
http://www.backstreets.com

Bamboleo
http://www.bamboleo.de

Bandwidth Online
http://www.ntplx.net/~sshap

bAse - Music Fanzine
http://members.vienna.at/base

Bass Frontiers
http://www.bassfrontiers.com

Bass Player Magazine
http://www.bassplayer.com

Bassics online
http://www.bassics.com

Bassists Magazine
http://www.intermusic.com

Beat Magazine
http://www.beat.com.au

BeatCounter Home of House&Techno
http://www.beatcounter.de

Big Takeover
http://www.bigtakeover.com

Bigmouth
http://www.bigmouth.co.uk

Billboard Online
http://www.billboard.com

Blank Magazine
http://www.blankmag.com

Blasmusik online
http://www.blasmusik.com

Blasmusik Online
http://www.blasmusik.de

Bloom
http://www.bloom.de

BMI MusicWorld
http://www.bmi.com/MusicWorld

Bodystyler
http://www.bosty.de

Boston SoundCheck Magazine
http://www.bostonsoundcheck.com

BR3-Musik
http://www.br-online.de/bayern3/musik

Browbeat
http://www.meer.net/~browbeat

Bubblehead
http://bubblehead.cjb.net

Buzz, The
http://www.ozonline.com.au/buzz/index.html

buzz.de
http://www.buzz.de

Buzzine.com
http://www.buzzine.com

Canadian Musician
http://www.canadianmusician.com

Chaos Control
http://www.chaoscontrol.com

ChartAttack!
http://www.chartattack.com

Check It Out!
http://www.bigzines.com

Chillin Online
http://www.chillinonline.com

Circus
http://www.circusmagazine.com

Clarino
http://www.clarino.de

Classic Guitar
http://www.classic-guitar.com

Classical Guitar Illustrated History
http://www.info-internet.net/~ffaucher/ffaucher2

CMJ Online
http://www.cmjmusic.com

Computer Music Journal
http://mitpress.mit.edu/e-journals/Computer-Music-Journal

Concert Direct
http://www.concertdirect.com

Consumable
http://www.westnet.com/consumable

Core Ground HC Zine
http://fly.to/coreground

Country Circle und CountryHome
http://www.countrycircle.de

Crawdaddy Magazine
http://cdaddy.com/FormatHomePage.cgi

CrossOver
http://www.crossover-agm.de

Cyber-Drum
http://www.cyberdrum.com

CyberVibe
http://www.cybervibe.com

daily grind network
http://www.rz.uni-frankfurt.de/~lebiger

Dance and Music World
http://www.expage.com/page/danceandmusicworld

Das Musikinstrument
http://www.das-musikinstrument.de

Dazed and Confused
http://www.confused.co.uk

Debug
http://www.de-bug.de

DeepFried BugVision
http://www.bugvision.com

Delta Boogie
http://www.deltaboogie.com

Der Musikmarkt
http://www.musikmarkt.de

Der singende Draht
http://www.draht.de

Diapason, The
http://www.sgcpubs.com/thediapason.html

Dickschaedel - Musikmagazin
http://dickschaedel.de

Die Schmallenberger Musikszene
http://www.szene-insite.de

Dischord
http://www.dischord.co.uk/index.html

Discover
http://www.discover.de

Discoveries
http://www.csmonline.com/discoveries

Doc Rock Show
http://www.infomusic.de

Dotmusic
http://www.dotmusic.com

Down Beat Jazz
http://www.downbeatjazz.com

DriftWood Australian Music
http://www.dw.com.au/fp/driftwd

Drummerstuff
http://www.drummerstuff.com

E-Gitarre
http://www.im-netz.de/webteacher/hp/4/index.htm

E-lectric
http://www.e-lectric.de

Earwig
http://www.earwig.com

Electronic Musician
http://www.emusician.com

Elegant Discourse
http://www.angelfire.com/mo/elegantdiscourse/index.html

EQ Magazine
http://www.eqmag.com

Eternity
http://eternity.heavy.net

Euromusic
http://www.euromusic.com/index.html

Feedback Musikmagazin
http://www.feedback-magazin.de

Fingerstyle Guitar Magazine
http://fingerstyleguitar.com

Fix Hot Stuff
http://www.fix.com

Flatpicking Guitar Magazine
http://www.flatpick.com

Fly Music Magazine
http://www.fly.co.uk

Frau und Musik
http://music.acu.edu/www/iawm/wimusic/frau.html

Freetime Mag
http://www.freetimemag.com

Frontera Magazine
http://www.fronteramag.com

Fuji International
http://www.fujiint.co.uk

Full Moon Fever
http://www.fullmoonfever.com

Fused
http://www.fused.com

Gaffa Musikmagazin
http://www.gaffa.de

GAINSAY Magazine
http://www.gainsay.com

Garv
http://www.garv.net

Gig Magazine Online
http://www.gigmag.com

Gitarre & Bass
http://www.gitarrebass.de

Gitarre & Laute
http://www.gitarre-und-laute.com

gitarre-online.purespace.de
http://gitarre-online.purespace.de

Go-On
http://etain.go-on.de

Go-on
http://www.go-on.de

God Etcetera!
http://lynx.neu.edu/home/httpd/s/skremen

Gramophone Magazine
http://www.gramophone.co.uk

Green Mountain Music Review
http://www.gmmr.net

Grindstone Magazine
http://members.aol.com/grind55/index.html

Groove
http://www.groove.de

Guitar
http://guitar.miningco.com/index.htm

Guitar (dt.)
http://www.ppv-verlag.de/guitar.html

Guitar Magazine ONLINE
http://www.guitarmag.com

Guitar Notes
http://www.guitarnotes.com

Guitar One
http://www.guitaronemag.com

Guitar Player
http://www.guitarplayer.com

Guitar Techniques
http://www.musiciansnet.co.uk

Guitar World
http://www.guitarworld.com

halana
http://www.halana.com

Harmony Central Drums & Percussion
http://www.harmony-central.com/Drums

Harpa
http://www.harpa.com

hEARd
http://www.ozemail.com.au/~hmag

Hinternet Musik
http://www.hinternet.de/musik.htm

Hiphopper.de
http://www.hiphopper.de

Hollow Ear Magazine
http://www.hear.com/hollow

Home Electronic
http://www.home-electronic.ch

Hörerlebnis
http://www.hoererlebnis.de

HousePool - The raver's voice
http://housepool.com

ICE Magazine Online
http://www.icemagazine.com

IMON.de - Independent Music Online
http://imon.de

In Music & Media
http://www.immedia.com.au/im_m

In Music We Trust
http://www.inmusicwetrust.com

In Your Eye
http://www.inyoureye.com

Independent Music Chicago
http://www.angelfire.com/ab/Indie/index.html

Ink Blot Magazine
http://www.inkblotmagazine.com

Innerviews
http://www.innerviews.org

Innerviews
http://pobox.com/~innerviews

Instant Karma!
http://www.instantkarma.com

Interface Magazine
http://www.interfacemagazine.com

InterMixx Webzine
http://www.intermixx.com

Intern. Zeitschrift für Blechbläser
http://www.brass-bulletin.ch

Intro.de
http://www.intro.de

Invader
http://www.invader.de

In·Sync
http://www.netmusic.com/insync

Irie
http://www.irie.de

Irish Music Magazine
http://www.mayo-ireland.ie/irishmusic.htm

Jam! Music
http://www.canoe.ca/JamMusic

Jazz Guitar ONLINE
http://www.jazzguitar.com

Jazz Online
http://www.jazzonline.com

Jazz thing
http://www.jazzthing.de

Jazz Time
http://www.jazztime.ch

Jelly
http://www.jellyroll.com

Jersey Beat Web Page
http://www.jerseybeat.com

Journal Of New Music
http://www.swets.nl/jnmr/jnmr.html

Journal of Seventeenth-Century Music
http://www.sscm.harvard.edu/jscm/Welcome.html

Jubilee Harvest
http://pages.prodigy.com/soren

Just Jazz Guitar
http://www.justjazzguitar.com

Keyboard Magazine
http://www.keyboardmag.com

Keyboard Player
http://www.keyboardplayer.com

Keyboards Online
http://www.keyboards.de

Keys
http://www.keys.de

klassik akzente
http://www.klassikakzente.de

Klassik Online
http://www.klassik.com/de/magazine/magazines

Kulture Deluxe Magazine
http://www.kulturedeluxe.com

Kybernaut
http://www.kybernaut.de

L'Roxx
http://www.lroxx.com

LA Ritmo Latin Music Magazine
http://www.laritmo.com

Last Sigh Magazine
http://www.waste.org/lastsigh

LAUT - der Musikkanal
http://www.laut.de

Let It Rock
http://www.letitrock.com

Lighting & Sound
http://www.plasa.org.uk/lsi.htm

Little Cracked Egg
http://www.littlecrackedegg.com

Live in Concert
http://www.liveinconcert.de

Live Music Artist
http://www.livemusic-artist.de

Lloyd Webber Net
http://www.serve.com/dougmac

m@g - Das Musikmagazin
http://www.mag-online.net

Mayhem NetMag
http://www.mayhem.de

Media Manager
http://www.mediamanager.com

Memi - Magazin für el. Musik
http://www.memi.com

metal-online
http://metal-online.de

Microphone-Professor
http://www.microphone-professor.de

Midiwelt
http://www.midiwelt.com

MIX Online
http://www.mixonline.com

Mixdown Magazine
http://www.mixdown.com

MMR Magazine
http://www.mmrmagazine.com

Mobile Beat: The DJ Magazine
http://www.mobilebeat.com

Modern Drummer
http://www.moderndrummer.com

Monkey Magnet
http://www.badmonkey.com/zine.html

Mono
http://www.mono.net

Moshpit, The
http://www.flash.net/~ibugu/moshpit.htm

Mucke und Mehr
http://www.mucke-und-mehr.de

Muse
http://www.muse.ie

Music & Computers
http://www.music-and-computers.com

Music & Film Stage
http://www.earthchannel.com/musicflm

Music Connection Magazine
http://www.musicconnection.com

Music First
http://www.music1st.net

Music For The Love Of It
http://www.holonet.net/music

Music Mag Online
http://www.musicmag.de

Music Magazine
http://www.themusicmagazine.com

Music Manual
http://www.musicmanual.co.at/mm

Music Morsels
http://www.serge.org

Music News Network
http://www.mindspring.com/~isosrec/mnn.html

Music Perception
http://www-ucpress.berkeley.edu/journals/mp

Music Scene
http://www.music-scene.ch

Music Universe
http://www.musicuniverse.com

MUSIC-CITY-USA
http://www.music-city-usa.com

music365
http://www.music365.com

MusicBIZ
http://www.musebiz.com

MusicDish Music Industry Mag
http://www.musicdish.com

Musician
http://www.musicianmag.com

Musicians Net, The
http://www.musicians-net.co.uk

MusicMusic
http://www.musicmusic.de

MusicScene
http://www.musicscene.de

Musik & Theater
http://www.musikundtheater.ch

Musik Magazin Online
http://www.musicmag.de

Musikmarkt online
http://www.musikmarkt.de

Musix Konzertdaten
http://www.musix.de

NewsZine
http://newszine.mediasite.de

Nightlive
http://www.night-live.de

NME
http://www.nme.com

nmz - Neue Musikzeitung
http://www.nmz.de

NoBorderlines
http://www.noborderlines.com

Nocturnal Magazine
http://www.nocturnalmagazine.net

Noise
http://www.enoise.com

noiseart - the alternative music-ezine
http://www.noiseart.de

Noisegate!
http://noisegate.com

Notes
http://www.indigo.de

Notes from The Underground
http://www.xmission.com/~flubber

Nova Giulianiad (Gitarre und Laute)
http://home.rol3.com/~u0365728/novagiulianiad.html

NY Rock
http://www.nyrock.com

Oblivion Heavy Metal/Gothic Magazin
http://www.oblivion-magazin.de

Oculus Magazine
http://www.oculus.com

Odilias Harfe
http://www.odilia.ch

Okey! (Orgel- und Keyboard-Freunde)
http://www.okey-online.com

Online Musik Magazin
http://www.omm.de

Onlinezine
http://www.onlinezine.de

Ouk
http://www.ouk.de

Partysan Homebase
http://www.partysan.cosmium.net

Pause & Play (the music column)
http://www.pauseandplay.com

Pause Record
http://www.pauserecord.com

Performing Songwriter
http://www.performingsongwriter.com

Piper and drummer magazine
http://www.piperanddrummer.com

Planet Music Magazine
http://www.music-magazine.de

Planetsound
http://planetsound.com

Plug
http://www.bluecricket.com/plug/plug.html

Plugged
http://www.plugged.de

Pop and Politics
http://www.popandpolitics.com

POP-i Music Magazine
http://www.popi.com

Popnews
http://www.oase.de/bands/popnews

Popped
http://www.popped.com

POPsmear Magazine
http://www.popsmear.com

Portland Online MusicNet
http://www.pomn.com

Powermetal.de
http://www.powermetal.de

Pro Recording Resources
http://www.prorec.com

Pro Sound News
http://www.prosoundnews.com

Producer Report
http://www.mojavemusic.com

ProRec
http://www.prorec.com

Pulse!
http://www.towerrecords.com/pulse

Q Online
http://www.qonline.co.uk

Rabble
http://www.cheese.org/rabble

Radio & Records
http://www.rronline.com

RagaNet
http://www.raganet.com

raw-indie-rock
http://www.ward42.com/raw

Rbxpress
http://www.rbx.at

Real Grove
http://www.realgroove.xtra.co.nz

Record Collector
http://members.aol.com/reccoll/collector

Recording Magazine
http://www.recordingmag.com

Relix Magazine
http://www.relix.com

Retila
http://retila.com

RHiG Magazine: Cyber Diner
http://rhig.constantchange.on.ca

Rhythm & News Magazine
http://www.rhythmandnews.com

Rhythmos
http://www.qaswa.com/rhythmos.html

Rimshot!
http://www.brookside.on.ca/rimshot!

Rock & Read Magazine
http://www.rocknread.com

Rock Around The World
http://www.ratw.com

Rock Hard
http://www.rockhard.de

Rock Rag
http://home.earthlink.net/~rockrag

Rocknation
http://www.rock-nation.com

ROCKRGRL Magazine Online
http://www.rockrgrl.com

RockScene
http://privat.schlund.de/rockscene

RockVillage
http://www.rockvillage.com

RoJaRo
http://www.notam.uio.no/rojaro

Rolling Stone
http://www.rollingstone.com

Rondo - Klassik- und Jazz-Magazin
http://www.rondomagazin.de

Rootin' Around
http://www.rootinaround.com

RootsWorld
http://www.rootsworld.com/rw/rw.html

rrabauke, Magazin für christl. Musik
http://www.rrabauke.de

Saitenweise
http://members.tripod.com/~saitenweise/INDEX.HTM

Scandinavian Indie
http://phttpd.www.lysator.liu.se/~chief/scan.html

Scene Magazine
http://www.clevescene.com

Scream-Magazine-Germany
http://www.scream-magazine.de

seven five o
http://www.sevenfiveo.com

Sigill Magazin
http://www.eislicht.de

Silver Lake 2000
http://www.silverlake-2000.com

SLAMM
http://www.slammsd.com

Solo
http://www.solo-online.de

Soloist's Notebook
http://www.vigilantmedia.com/soloist

Sonar Map E-Zine
http://www.efn.org/~eleg_sci/sonarmap.html

Sonicnet
http://www.sonicnet.ch

Sonicsupernova
http://www.subaudio.net/sonicsupernova

Sorted
http://www.irelands-web.ie/sorted

Sound
http://www.sound.de

Sound Base
http://www.soundbase.de

Sound On Sound
http://www.sospubs.co.uk

Soundcheck
http://www.soundcheck.de

Soundout
http://www.soundout.com

SOUP
http://www.soup.on.ca

Spex
http://www.spex.de

Splat! Music Magazine
http://home.earthlink.net/~morgane

Spoiled Whine
http://www.angelfire.com/ca/SpoiledWhine

Stick it! Magazine
http://www.stickitonline.com

Sticks
http://www.sticks.de

Stomp And Stammer Online
http://www.stompandstammer.com

Substance Magazine
http://www.dj.com.au/substance

Super Stars
http://www.superstars.com

Swap the Beat
http://www.swapthebeat.com

Swiss Techno Magazine
http://www.partynews.ch

szene.com
http://www.szene.com

Taktlos
http://www.nmz.de/taktlos

Tastenwelt
http://www.tastenwelt.com

Techno
http://www.technoguide.org

Ten Dance - Magazin für el. Musik
http://www.tendance.de

Terrascope
http://www.terrascope.org

The Bass Player´s Choice
http://www.bass-player.com

The Electric Harp Column
http://www.harpcolumn.com

The Groove Site
http://www.groovesite.com

The iMagazine
http://www.thei.aust.com

The Music Box
http://www.geocities.com/SunsetStrip/Club/7487

The new music industry magazine
http://www.3wmag.com

The Wire
http://www.dfuse.com/the-wire/index.htm

Transmission Magazine
http://www.transmission-zine.com

Try Seven Artists
http://www.tryseven.com

Twee Kitten Zine
http://www.tweekitten.com

Ultra WWW Magazine, Belgium
http://www.dma.be/p/ultra

Unbroken Chain
http://www.io.com/~unbroken

Undercover
http://www.undercover.net.au

Underground Music Monthly
http://ummusic.com

Urban Beat Online
http://www.urbanbeat.com

US Music Vault Online
http://www.usmusicvault.com

usounds
http://www.usounds.com

Vibe
http://www.vibe.com

Vibrations of Doom
http://members.spree.com/vibrations

Vintage Guitar
http://www.vguitar.com

Virtual Guitar Magazine
http://www.virtualguitarmagazine.com

Virtual Volume
http://www.virtual-volume.com

Visions
http://www.visions.de

Wall of Sound
http://wallofsound.go.com

WasWorld
http://www.wasworld.com

WebNoize
http://www.webnoize.com

West Coast Music Review
http://wcmr.com

Western Mail
http://www.western-mail.de

wildpark.com
http://www.wildpark.com/musik/index.html

Windkanal
http://www.windkanal.de

Windplayer
http://www.windplayer.com/windplayer.html

Workshop Musiker-Magazin
http://www.workshop.ch

World of Pageantry
http://www.worldofpageantry.com

x-letter - munich techno underground
http://www.x-letter.de

Yakima Music News
http://music.yakima.net

YuNuS - eZine über türk. Musik
http://www.yunus.de

Zeitgeist
http://www.zeitgeist-scot.com

Zentralnerv
http://www.zentralnerv.de

Zero Magazine
http://www.zero.cc

Zillo - Musikmagazin und Festivals
http://www.netcity.de/zillo

4. Musikverlage (Printmedien / Tonträger)

Abakus Musik, Greifenstein
http://www.abakus-musik.de

Accorda Musikverlag
http://www.accorda.ch/

Accura Music
http://www.accuramusic.com

Acoma Company/Nambe
http://www.acoma-co.com

Acoustic Guitar Magazine
http://www.acguitar.com

Act Publishing, Hamburg
http://www.act-music.com

Advance Music, Rottenburg
http://www.advancemusic.com

Aida Music P/L
http://www.musicarrangements.com

Alafia Publishing and Music Sales
http://www.alafia.com

Alexander Kaloian Edition
http://www.firstedition.com

Alfred Publishing
http://www.alfredpub.com

All Music
http://www.a-zmusic.com

Allegro Music Supplies
http://campus.net/arts/ams

Allstarmusic
http://www.allstarmusic.de

Alphonse Leduc
http://www.AlphonseLeduc.com

ALRY Publications
http://members.aol.com/alrypbl

AMA-Verlag
http://www.ama-verlag.de

Amis Musical Circle
http://www.amismusicalcircle.com

Ample Edition, Germering
http://www.ample-edition.com

Apro Music
http://www.apromusic.com

Arezzo Musikverlag, Hamburg
http://www.arezzo.de

Artist Ahead Musikverlag, Wiesloch
http://www.artist-ahead.de

Ary France International
http://www.ary-fr.com

AusMusic
http://www.pip.com.au/~ausmusic

Austin Rudy Publishing
http://www.christmasmusic.com

Bärenreiter Verlag, Kassel
http://www.baerenreiter.com

Bandit
http://www.wightweb.demon.co.uk/bandit/index.htm

Bands in Berlin, Berlin
http://www.bands-in-berlin.de

Blues News Magazine
http://www.Blues-Germany.com

Bohne, Konstanz
http://www.bohnemusik.de

Boosey & Hawkes
http://www.boosey.com

Breitkopf & Härtel, Wiesbaden
http://www.breitkopf.de

Bug Music
http://www.bugmusic.com

C. Alan Publications
http://www.c-alanpublications.com

Caffeine Music
http://www.satchmo.com/caffeinemusic/index.html

Cantate Recordings
http://ourworld.compuserve.com/homepages/cantate

Cantus Quercus Press
http://cantusquercus.com

Carl Fischer Music
http://www.carlfischer.com

Carousel
http://members.aol.com/carouseltd

Carus-Verlag, Stuttgart
http://www.carus-verlag.com

Celestin
http://www.celestin.com/sheetmusic

Chanterelle Verlag, Heidelberg
http://www.chanterelle.com

Choral Music by Crawford R. Thoburn
http://home.att.net/~langburn

Choral Web Publishing, Inc.
http://www.choralweb.com

Collector's Guide Publishing
http://www.cgpublishing.com

Colormusic, München
http://www.colormusic.de

Conners Publications
http://hostnet.pair.com/conners

Creative Concepts Publishing Corp.
http://www.creativeconcepts.com

Creative Music
http://www.creativemusic.com

David Werden Publications
http://www.dwerden.com

Dean Kay's Web Site
http://home.earthlink.net/~deankay

DemiQ Music, Inc.
http://www.demiq.com

DFT Music
http://www2.infotech-nj.com/dft

Die Note
http://www.dienote.de

Dohr Musikverlag, Köln
http://www.dohr.de

Don't Stop
http://www.danmansmusic.com

Doublebass
http://www.doublebass.de

Doveton Music
http://www.doveton-music.de

Dunce Directive
http://www.london-calling.co.uk/dunce.html

Editio Musica Budapest, HU
http://www.emb.hu

Edition Kunzelmann
http://www.edition-kunzelmann.de

Edition Peters
http://www.edition-peters.de

Edition Wilhelm Hansen
http://www.ewh.dk

Editions Bim
http://www.editions-bim.ch

Elkin Music Publisher
http://www.elkinmusic.com

EMI Music Publishing
http://www.emimusicpub.com

Encore Music Publishers
http://www.encoremupub.com

Ensemble Publications
http://members.aol.com/EnsPub

Erdenklang Musikverlag
http://www.erdenklang.de

Ernst Kuhn Verlag
http://www.vek.de

Exploding Art Music Productions
http://www.explodingart.com.au

Farren Music
http://www.farrenmusic.com

Felder Pomus Entertainment
http://www.felderpomus.com

Fermate - Rheinisches Musikmagazin
http://www.dohr.de/fermate

FIDULA
http://www.fidula.de

Firmament Musik, Berlin
http://www.firmament.de

FREE Electronic Score Publisher
http://www.score-on-line.com

FTM Music Publishing
http://ftmmusic.com

Furore Verlag, Kassel
http://www.furore.de

G. Henle Verlag, München
http://www.henle.de

G. Ricordi
http://www.ricordi.de

G. Schirmer
http://www.schirmer.com

GC Carstensen Verlag
http://www.gccarstensen.com

Gelber Hund Verlag & Partner
http://www.gelber-hund.de

GIA Music
http://www.giamusic.com

Gitarre & Laute Verlag, Köln
http://www.gitarre-und-laute.com

GME Musikproduktionen
http://www.gmemusic.de

Gothic Musikverlag
http://www.hithaus.de/gothic

Grand Mesa Music Publishers
http://www.gj.net/~gmmusic

Grosvenor Publishing
http://www.music4children.com

Gustav Bosse Verlag
http://www.bosse-verlag.de

Hal Leonard
http://www.halleonard.com

Handlo Music - Choral Music
http://www.handlo.com

Hawksnest Music
http://www.hawksmusic.com

Heavy Guitar Company
http://www.heavyguitar.com

Hildner Musikverlag
http://www.musikverlag-hildner.de

Hillbridge Music
http://www.hillbridge.com

Hitsquad
http://www.hitsquad.com

Hohner Verlag
http://www.hohner.de

Immortal Beloved Music Publishing
http://www.immortalbeloved.com

Integrity Music
http://www.integinc.com

International Opus
http://users.aol.com/intlopus/woodwind.html

Internet Music Shop
http://www.musicsales.co.uk

Jackman Music Corporation
http://www.mormonmusic.com

Jane Peterer Music Corporation
http://www.jpmc.com

Japan Music Trades
http://www.musictrades.co.jp

Jazz Sheet Music for Combos
http://ambassadormusic.com

Jerry Connell Music Publishing
http://www.jerryconnell.com

Judy Green Music
http://www.cs123.com/JGM

Jump! Music - Sheet Music Store
http://www.jumpmusic.com

Kallisti Music Press
http://pw1.netcom.com/~kallisti

Kalmus Music Publisher
http://www.kalmus-music.com

Key Stroke Publishing
http://www.keystrokepublishing.com

King's Keyboard House
http://www.kingskeyboard.com

Laaber Verlag
http://www.laaber.de

Largo Music, Inc.
http://www.largomusic.com

Latham Music Enterprises
http://www.latham-music.com

Les Editions Universelles
http://www.universelles.com

Les Productions d'OZ
http://pages.infinit.net/doz

Lone Talisman Music
http://members.home.net/tpgi

Lorenz Corporation
http://www.lorenz.com

Lumina Music
http://www.luminamusic.com

Lyra Musik Münster
http://www.lyra-musik.de

Maestronet Sheet Music download
http://maestronet.com/w-cons.html

Malecki Music
http://www.maleckimusic.com

MalletWorks Music Publishing
http://www.malletworks.com

Masters Music Publications
http://www.masters-music.com

Mayfair Music Online
http://www.mayfairmusic.com

Mazmania Music Co.
http://www.mazmania.com

MCA Music Publishing
http://www.mcamusicpublishing.com

MdF Musikverlag
http://www.mdf-musik.de

Mel Bay Publications
http://www.melbay.com

Meludrion Musikverlag, München
http://www.meludrion-music.de

Merseburger, Kasssel
http://www.merseburger.de

Miditec
http://www.miditec.com

Miller-Freeman
http://www.books.mfi.com

Mix Magazine
http://www.mixmag.com

MixBooks
http://www.mixbooks.com

MMB Music, Inc.
http://www.mmbmusic.com

MorningStar Music Publishers
http://www.morningstarmusic.com

Mosch Musikverlag
http://www.mosch-musikverlag.de

Mostyn Music
http://www.mostynmusic.com

MPL Communications
http://www.mplcommunications.com

Music Basics
http://www.musicbasic.com

Music Information Resources
http://www.mpa.org/mir.html

Music Makers, Inc.
http://www.musicmakersinc.com

Music Mart's Online Sheet Music Cat.
http://www.musicmart.com

Music Print Dokkum
http://www.musicprint.nl/shop.html

Music Publishers' Association
http://www.mpa.org

Musica21 Publishing
http://www.musica21.com

Musical Solutions
http://home.earthlink.net/~bbarnhart

Musicdata, Inc
http://www.voicenet.com/~musicdat

Musik Direkt
http://www.musik-direkt.com

Musik Roleff
http://www2.musik-roleff.com/Musik

Musik und Video-Verlag Kulling
http://home.t-online.de/home/MV-herakubo-strauss

Musikverlag Alexander Mayer
http://presence.or.at/mvam

Musikverlag Edition Ample
http://www.ample-edition.com

Ries & Erler
http://www.rieserler.de

Feuchtinger & Gleichauf
http://www.music-publishers.com

Myklas Music Press
http://www.myklas.com

Nat. Music Publishers' Association
http://www.nmpa.org

New consonant music
http://www.avk.org/ncm

New Millennium Guitar Publishing Co.
http://www.newmillguitar.com

NMZ - Verlag Neue Musikzeitung
http://www.nmz.de

Non Sequitur Music Publishing
http://www.nonsequiturmusic.com

Norton's Music Section
http://www.wwnorton.com/musicres.htm

Nortonn Music Publishing
http://www.est.is/~kvam/Nortonn/front.htm

Notes-2-U
http://www.zipmedia.com/notes2u

Oak Hill Music Publishing Company
http://www.songs4kids.com

Open Heart Music
http://www.openhart.demon.co.uk

Paul's Music Co.
http://paulsmusic.com

Pavement-Records
http://www.pavement.de

PC Publishing
http://www.pc-pubs.demon.co.uk

Peer Musikverlag, Hamburg
http://www.peermusic.com

Pendragon Press
http://www.pendragonpress.com

Pepper Music Network
http://www.jwpepper.com

Polydor
http://www.polydor.de

PPV Presse Project Verlags GmbH
http://www.ppv-verlag.de

Promethean Editions Direct
http://www.promethean-editions.co.nz

Public Propaganda
http://www.public-propaganda.de

RBC Music Company
http://www.rbcmusic.com

Ricordi
http://www.ricordi.de

Ries & Erler
http://www.rieserler.de

Rock Records
http://www.rock.com.tw

Rock The Net
http://www.rockthenet.com

Rock und Pop Chords
http://www.rp-chords.de

Rockmail
http://www.rockmail.de

Rough Guides
http://www.roughguides.com

Rough Trade Publishing
http://www.rough-trade.com

Rundel Musikverlag
http://www.rundel.de

Santa Barbara Music Publishing
http://www.sbmp.com

Schott Musikverlag
http://www.schott-music.com/

Schreikönig
http://www.schreikoenig.de

Second Light Music Publishing
http://www.secondlightmusic.com

Selah Publishing Co.
http://www.selahpub.com

Selke Verlag
http://www.ping.at/selke

Shattinger Music
http://www.shattingermusic.com

Sheet music from Sunhawk.com
http://www.sheetmusica.com

Sheet Music Online
http://sheetmusiconline.net

Sher Music
http://www.shermusic.com

Sierra Music
http://www.sierramusic.com

Sikorski
http://www.sikorski.de

Silver Kat Music
http://www.silverkat.com

Sizemore Music
http://www.sizemoremusic.com

Sound And Vision Publishing Limited
http://www.soundandvision.com

Sound on Sound
http://www.sospubs.co.uk

Southern Harmony Music
http://members.aol.com/SOHARMONY/SOUTH.htm

Southern Music Company Online
http://www.southernmusic.com

Sunhawk Corporation
http://www.sunhawk.com

Survives Music, Inc.
http://www.atlantic.net/~tvives/catalog.html

Svensk Musik
http://www.mic.stim.se

Symmes Music Co.
http://www.symmesmusic.com

Tauris Musikverlag
http://www.tauris-musik.com

The Brodt Music Co
http://www.brodt-music.com

The Lester S. Levy Sheet Music
http://musicbox.mse.jhu.edu

The Perfect Pitch
http://www.theperfectpitch.com

The small publisher with big Writers
http://www.lanfrancomusic.com

Theodore Presser Company
http://www.presser.com

Tom Mulhern & Associates
http://www.mulhern.com

Touch & Go Music Publishing
http://www.touchandgo.com

Trillenium Music Company
http://www.trillmusic.com

TRN Music Publisher
http://www.trn-music.com

Under Cover Music Group
http://www.ucmg.com

University Music Editions
http://chelsea.ios.com/~johnp3/ume/index.html

Verlag Neue Musik
http://www.verlag-neue-musik.de

Vincent Massot
http://www.edit-vincent-massot.com/First-page.html

Vivace Press
http://www.vivacepress.com

Voggenreiter Verlag
http://www.voggenreiter.de

Voice of the Rockies
http://www.voiceoftherockies.com

Warner/Chappell Music, Inc.
http://www.warnerchappell.com

Western Heart Promotions
http://www.gbww.com

Westwood Group
http://www.westwoodgrp.com

Wolfgang G. Haas-Musikverlag, Köln
http://www.Haas-Koeln.de

World Wide Music Online Sheet-Music catalog
http://www.world-wide-music.com

5. MIDI-Verzeichnisse

Neben kommerziellen Anbietern gibt es im MIDI-Bereich eine ganze Reihe von privaten Seiten, die es sich zur Aufgabe gemacht haben andere MIDI-Seiten aufzulisten.

Die privaten Seiten sind allerdings vom Enthusiasmus des Betreibers abhängig und deshalb nicht immer auf dem neuesten Stand, bieten aber trotzdem eine gute Hilfe für den Einstieg. Hier einige Beispiele:

Cool MIDI Sites
http://www.geocities.com/Vienna/1777/midi.html

Harmony Central - Sources of MIDI Files
http://www.harmony-central.com/MIDI/files.html

Midi Junction
http://www.angelfire.com/fl/tabbyslitterbox/midi.html

Standard MIDI Files on the Net
http://www.aitech.ac.jp/~ckelly/SMF.html

Ultimate MIDI Page
http://www.ultimatemidi.com

6. MIDI Klassik

Alan's Classical Midi Page
http://www.netcomuk.co.uk/~ar_wood/midi.htm

Classical Guitar Midi Archives
http://www.info-internet.net/~ffaucher

Classical MIDI Archives
http://www.prs.net/notes.html

Classical MIDI Archives 1998
Pierre R. Schwob
http://www.prs.net/midi.html

Classical MIDI Connection
http://midiworld.com/cmc

Classical MIDI Connection
http://www.midiworld.com/cmc

Classical Midi Organ Stop
http://theatreorgans.com/cmos/index.html

Classical Midi Organ Stop!
http://users.gmi.net/~wgraeber/index.html

Classical MIDI Page
by Eri Airlangga Mahawaditra
http://www.geocities.com/Broadway/Alley/2270

Classical Music Club
http://members.tripod.com/Oransa/cmc.htm

Classical Music MIDI Page
http://www.odyssey.net/subscribers/scior/music.html

Classical Piano Midi Page
http://piano-midi.com

Gregor Rozman's Classical
MIDI Archives
http://www.geocities.com/Vienna/Strasse/4660/MidiMenu.htm

Jonathan Gurstelle's MIDI Page
http://www.bhealthi.com/midi

MIDIWORLD Classical Files
http://midiworld.com/classic.htm

Musical Offerings
http://www.users.dircon.co.uk/~antwin

New music in classical styles
http://www.webster.sk.ca/greenwich/musicmid.htm

Richard Strauss & Classical MIDI Page
http://www.inetworld.net/dont/midipro.htm

The Classical MIDI Resource
http://www.classicalmidiresource.com

7. MIDI-Pop

AISP MidiMight
http://www.midimight.com

Allen Bamford's MIDI Page
http://www.netrox.net/~data311

Ancient Music of Ireland
http://services.worldnet.net/~pybertra/ceol

Apple City MIDI
http://www.applecity.com/Midi/index.html

Arctic Nightfall Midi Archive
http://nightfall.simplenet.com/Midi

Brian's MIDI Collection
http://www.uidaho.edu/~imho9431/midi/midi.html

Byrd's Songs The Best Midis Around
http://www.byrdsplace.com/songs

Carlo's MIDI Home Page v2.6
http://www.mil.lu.se/Carlo/midipage.html

Concert Hall Foyer
http://www.eagle.ca/~roda/RodMerArts/ConcertHall.html

Crazy Arty's MIDI Archive 2.0
http://www.cyber-hawaii.com/~arthurp/midi

Fresh MIDIs
http://www.freshmidis.com

Gary's Room
http://www.dfw.net/~gnl/gr_midi.htm

Gerald Ross's MIDI Page
http://www-personal.umich.edu/~gbross

Ifni MIDI Music
http://www.ifni.com/midi

Internet Piano Music, The
http://www.geocities.com/Paris/3486

Jerry's MIDI Jukebox
http://wilstar.net/jukebox.htm

John Roache's Ragtime MIDI Library
http://members.aol.com/ragtimers/index.html

Juke Box
http://www.internetlink.co.uk/jukebox.htm

Keeper's Long-lost MIDI files
http://www.armory.com/~keeper/midi.html

Lee's Midi Music Lounge
http://ynucc.yeungnam.ac.kr/~bwlee/mlounge.htm

MAWEK's MIDI Archive
http://www.mawek.com/midi-archive

MIDI Haven
http://www.geocities.com/Hollywood/9990/index2.html

MIDI Jukebox
http://www2.bitstream.net/~jemstone/MIDIjukebox

Midi Madness
http://www.midimadness.net

MIDI Music Cafe
http://www.execulink.com/~wgnelson

MIDI Music Collection, A
http://members.hknet.com/~kktsang/midi.html

MIDI Music Dot Com
http://www.midimusic.com

MIDI Net
http://perso.wanadoo.fr/midinet

Midi Songs On Demand
http://listen.to/midisongs

Midi's
http://www.flash.net/~djka/midi.html

MIDI's All
http://www.klotsnet.com/midi

midi.net
http://www.midi.net

MidiMaster's Collection
http://www.midicollection.com

Midiphiles
http://www.midiphiles.com

MIDIplex
http://www.midiplex.com

Mike Berson's MIDI Music Files
http://www.monmouth.com/~mberson/midi.html

Oldies MIDI File Archive
http://sicom.simplenet.com/oldies

Planet MIDI
http://www.planetz.net/midi

Ragtime, The
http://www.ragtimers.org/~ragtimers

Romyrom's MIDI Collection
http://members.xoom.com/ROMYROM/MIDI.html

Standard MIDI Files on the Net
http://www.cs.ruu.nl/pub/MIDI/MIRRORS/SMF

The 80's Midi Shack
http://hometown.aol.com/TexasNikki/midi.html

The MIDI Mirage!
http://greg.simplenet.com/midi

The new midi page
http://www.colba.net/~costi

The Shout House Server
http://www.shouthouse.com

Ultimate MIDI Page
http://www.ultimatemidi.com/index.html

Vic's World Sounds & Graphics
http://fly.to/vicsworld

Zala's Zone
http://members.aa.net/~zala

8. MP3-Suchmaschinen und -Verzeichnisse

123get
http://123get.com

2Look4
http://www.2look4.com

Acid Search
http://www.acidsearch.com

Dande
http://mp3.desync.com

Der MP3Index.de
http://www.MP3Index.de

FileQuest.com
http://www.filequest.com

Fireball
http://guides.fireball.de/musik

Immedia
http://www.immedia.de

Lycos
http://lycos.de/webguides/mp3

MediaLeech MP3 Search
http://medialeech.m4d.com

MediaTrak
http://www.pearlmagik.com

MP3 Locator
http://www.mp3locator.com

Mp3 Music Search
http://www.searchfast.com/mp3

MP3 NeXuS
http://www.bigg.net/mp3/search

MP3 Search Engine
http://mp3.box.sk

MP3 WORM
http://mp3.icelord.net

MP3-IT
http://www.mp3-it.com

MP3-Schnellsuche
http://www.schnellsuche.de/mp3/

Mp3-spezial
http://www.mp3-spezial.de

mp3bot
http://mp3bot.de

mp3box
http://mp3.box.sk

MP3meta
http://www.mp3meta.com

MP3Search.nu
http://www.mp3search.nu

MPeX
http://mpex.net

Musicseek
http://www.musicseek.net

oth.net
http://www.oth.net

PalaVista Mp3 MetaCrawler
http://www.palavista.com

Playdude
http://www.playdude.com

SavvySearch MP3
http://www.savvysearch.com

The MP3 Site Search Directory
http://www.webquarry.com

The Seek.com
http://www.theseek.com

ZabNET Media Search
http://mp3.zabnet.ru

9. MP3-Files

Audiogalaxy
http://www.audiogalaxy.com

BeSonic
http://www.besonic.com

Callasong
http://wwwcallasong.de

Emusic
http://www.emusic.com

Epitonic
http://epitonic.com

Internet Underground Music Archive
http://iuma.com

Leo's MP3 Mania Page
http://mp3-mania.da.ru/

Lexx's MP3z World
http://www.mp3.bentivoglio.com

Link, Andreas
http://blah.blah.de/linkan

Listen
http://www.listen.com

MegaDownload
http://megadownload.de/mp3/

MP-COM.DE
http://www.mp3-com.de

MP3.COM
http://www.mp3.com

MP3
http://www.abi-net.de/tipsmp3.html

Mp3
http://www.mp3.yoursforever.com

Mp3
http://iimercury.hypermart.net

MP3 aktuell
http://mp3.free-web.de/mp3

MP3 Bandit
http://go.to/mp3b

MP3 Direct Download Archive
http://www.mp3dda.com

MP3 für Anfänger
http://members.teleweb.at/hoebinger

MP3 Internet Guide
http://www.mp3guide.de

MP3 Newswire
http://www.impactmedia.com/mp3

MP3 NeXuS
http://www.bigg.net/mp3/search

MP3 Special
http://www.desktoppublishing.de/mp3/index.htm

MP3 und VQF Info Site
http://www.crosswinds.net/~soundsource

MP3-IT
http://www.mp3-it.com

Mp3-Links
http://www.geocities.com/SiliconValley/Orchard/8106

MP3-UK
http://www.mp3-uk.com

MP3-World
http://www.mp3-world.net

MP3.com
http://www.mp3.com

MPEG.ORG
http://www.mpeg.org/MPEG/mp3.html

Nikore mp3
http://www.nikore.com

Olly's News & Linkliste
http://fly.to/ollysnews

Planet MP3
http://PlanetMP3.de

Pure MP3
http://www.puremp3.org

Radio Free World MP3 Guide
http://radiofreeworld.com/page11.html

Ronnie's Mp3Site
http://hem.passagen.se/ron/mpthree.htm

Ultimate Band List
http://ubl.com

Vitaminic
http://vitaminic.de

10. Musik-Festivals

After Dark
http://www.after-dark.tobit.com

Ätzboden
http://www.aetzboden.de

Bishopstock
http://www.bishopstock.com

Bizarre
http://www.bizarre.de

Castle Rock
http://members.aol.com/musikini/castle.htm

Donauinselfest Wien
http://www.donauinselfest.at

Dynamo
http://www.dynamo-open-air.com

Eurorock
http://users.skynet.be/eurorock

Fonsstock
http://www.fonsstock.de

Gampel
http://www.openairgampel.ch

Glastonbury
http://www.glastonbury-festival.co.uk

Highfield
http://www.highfield.de

Hultsfred
http://www.rockparty.se

Hurricane
http://www.hurricane.de

Klomppop
http://people.zeelandnet.nl/gvs

Little big one
http://www.littlebigone.com

Moers Jazz Festival
http://www.moers-festival.com

Nunningen
http://www.openair-nunningen.telemedia.ch

Oberhausen Outdoor
http://www.ob-outdoor-festival.de

Obstwiesenfestival
http://www.obstwiesenfestival.de

Open flair
http://www.open-flair.de

Open ohr
http://www.openohr.de

Out in the green
http://www.outinthegreen.ch

Phaze
http://www.contour-music.de

R(h)einkultur
http://www.rheinkultur.org

Rock am Ring
http://www.rock-am-ring.com

Rock in Park
http://www.rock-im-park.de

Rock in den Ruinen
http://www.rock-in-den-ruinen.de

Rockhard
http://www.rockhard.de

Roskilde
http://www.roskilde-festival.dk

Skagen
http://www.skagenfestival.dk

Southside
http://www.southside.de

St. Gallen
http://www.openairsg.ch

Staatsforsten
http://come.to/staatsforsten

Sternenzelt
http://www.sternenzelt.de

Tollwood
http://www.tollwood.de

Val lumnezia
http://www.openair-lumnezia.ch

Virus
http://www.virusfestival.nl

Wacken
http://www.wacken-open-air.de

Wave Gotik
http://www.wave-gotik-treffen.de

Wiesen
http://www.wiesen.at

Winterthurer Musikfestwochen
http://www.winterthur.musikfestwochen.ch

Woodstage
http://www.woodstage.de

11. Fanseiten

2-4 Family
http://www.24family.com

3. Generation
http://www.die3generation.de

ABBA
http://www.abbasite.com

Absolute Beginner
http://www.beginner.de

Adams, Bryan
http://www.bryanadams.com

Aerosmith
http://www.aerosmith.com

Afrob
http://www.fourmusic.com/fourmusic/artists/afrob

Air Supply
http://www.airsupplymusic.com

All-4-one
http://www.otb1.com/all-4-one

Alphaville
http://www.alphaville.de

Ambros, Wolfgang
http://www.wolfgangambros.at

Aqua
http://www.aqua.dk

B-52'S
http://www.repriserec.com/theb52s

Backstreet Boys
http://www.backstreetboys.com

Badesalz
http://www.badesalz.com

Baez, Joan
http://baez.woz.org

Bananafishbones
http://www.bananafishbones.de

Bandaloop
http://www.bandaloop.net

Barenaked ladys
http://www.bnlmusic.com

Bates
http://www.thebates.com

Bay City Rollers
http://www.tele-art.demon.co.uk/indexx.html

Beastie Boys
http://www.beastieboys.com

Beck
http://www.geffen.com/beck

Beck, Jeff
http://www.epicrecords.com/jeffbeck

Bee Gees
http://www.beegees.net

Bega, Lou
http://www.loubega.de

Biohazard
http://www.biohazard.com

Björk
http://www.bjork.co.uk

Black Crowes
http://www.blackcrowes.com

Black Sabbath
http://www.black-sabbath.com

Blackmore, Richie
http://www.ritchieblackmore.com

Blondie
http://www.blondie.net

Bloodhound Gang
http://www.bloodhoundgang.com

Blümchen
http://www.bluemchen.de

Blur
http://www.blur.com

Bolan, Marc
http://www.marc-bolan.com

Bon Jovi
http://www.bonjovi.com

Bowie, David
http://www.davidbowie.com

Brings
http://www.brings.com

Bucks Fizz
http://www.bucksfizz.com

Busta Rhymes
http://www.busta-rhymes.com

Can
http://www.czukay.de/can

Capuccino
http://www.cappu.de/cappuccino

Cardigans
http://www.cardigans.net

Carey, Mariah
http://www.mcarey.com

Carter, Aaron
http://www.aaroncarter.com

Cash, Johnny
http://www.johnnycash.com

Cave, Nick
http://www.bad-seed.org/menu.shtml

Cher
http://www.cher.com

Cherry, Nene
http://the-raft.com/nenehcherry

Chicago
http://www.chirecords.com

Cocker, Joe
http://www.cocker.com

Cohen, Leonard
http://www.leonardcohen.com

Cooper, Alice
http://www.alicecoopershow.com

Cranberries
http://www.cranberries.com

Crashtest Dummies
http://www.crashtestdummies.com

Creme 21
http://www.creme21.de

Crow, Sheryl
http://www.sherylcrow.com

Cure
http://www.thecure.com

Cypress Hill
http://www.cypressonline.com

Danzer, Geord
http://www.georgdanzer.at

Deep Purple
http://www.deep-purple.com

Def Leppard
http://www.defleppard.com

Deine Lakaien
http://www.deine-lakaien.de

Depeche Mode
http://www.depechemode.com

Des'ree
http://www.desree.co.uk

Die fantastischen Vier
http://www.diefantastischenvier.de

Dion, Celine
http://www.celineonline.com

DJ Bobo
http://www.djbobo.ch

Dog eat dog
http://www.dogeatdog.com

Doobie Brothers
http://www.doobiebros.com

Doors
http://www.thedoors.com

Dr. Der
http://www.dre2001.com

Dune
http://www.dune.de

Dylan, Bob
http://www.bobdylan.com

Eat no fish
http://www.eatnofish.de

Echt
http://www.echt.de

Element of crime
http://www.element-of-crime.de

Enigma
http://www.enigma.de

Estefan, Gloria
http://www.gloriafan.com

Etheridge, Melissa
http://www.melissaetheridge.com

Eurythmics
http://www.eurythmics.net

Faith no more
http://www.fnm.com

Faithless
http://www.faithless.de

Falco
http://www.falco.at

Fatboy Slim
http://www.sonymusic.de/fatboyslim/index.html

Fendrich, Rainhard
http://www.rainhardfendrich.at

Fettes Brot
http://www.fettesbrot.de

Foo fighters
http://www.foofighters.com

Fools garden
http://www.fools-garden.de

Freundeskreis
http://www.fourmusic.com/fourmusic/artists/freundeskreis

Fun loving' criminals
http://www.funlovincriminals.com/menu.html

Fury in the slaughterhouse
http://www.fury.de

Garbage
http://www.garbage.net

Genesis
http://www.genesis-web.com

Gipsy Kings
http://www.gipsykings.com

Grant, Amy
http://www.amyworld.com

Greatful Dead
http://grateful.dead.net

Greenday
http://www.greenday.com

Grönemeyer, Herbert
http://www.groenemeyer.de

Guano Apes
http://www.guanoapes.de

Guthrie, Arlo
http://www.arlo.net

Hagen, Nina
http://www.nina-hagen.com

Hall, Daryl
http://www.darylhall.com

Hanson
http://www.hansonline.com

Hausmarke
http://www.fourmusic.com/fourmusic/artists/hausmarke

Hawkins, Sophie B.
http://www.sophiebhawkins.com

Hendrix, Jimi
http://www.jimi-hendrix.com

Hill, Lauryn
http://www.lauryn-hill.com

Hootie and the blowfish
http://www.hootie.com

Horn, Guildo
http://guildo-horn.com

Hornsby, Bruce
http://www.bruce-hornsby.com

Hubert Kah
http://www.hubert-kah.com

Ice T
http://www.icet.com

Idol, Billy
http://www.billyidol.com

Iglesias, Julio
http://www.julioiglesias.net

Illmatic
http://www.3-p.de/kuenst/illmatic

Imbruglia, Natalie
http://www.natalie-imbruglia.co.uk

Inchtabokatables
http://www.inchtabokatables.com

INXS
http://www.inxs.com

Iron Maiden
http://www.ironmaiden.co.uk

Jackson, Janet
http://www.janet-jackson.com

Jackson, Joe
http://www.joejackson.com

Jackson, Michael
http://www.mjnet.com

Jamiroquai
http://www.jamiroquai.co.uk

Jarre, Jean Michel
http://www.jeanmicheljarre.com

Jarreau, Al
http://www.jarreau.com

Jazzkantine
http://www.jazzkantine.de/kantine

Jethro Tull
http://www.j-tull.com

Jones, Keziah
http://www.keziahjones.com

Kelly Family
http://www.kellyfamily.de

Kid Rock
http://www.kidrock.com

Kraftwerk
http://www.kraftwerk.com

Kula Shaker
http://www.kulashaker.co.uk

Led Zeppelin
http://www.led-zeppelin.com

Lemonbabies
http://www.fourmusic.com/fourmusic/artists/lemonbabies

Leningrad Cowboys
http://www.leningradcowboys.fi

Ligthning Seeds
http://www.lightningseeds.com

Limp Bizkit
http://www.limp-bizkit.com

Lindenberg, Udo
http://www.udo-lindenberg.de

Liquido
http://www.liquido.musicpage.de

Lopez, Jennifer
http://www.jenniferlopez.com

Maahn, Wolf
http://www.maahnews.de

Manic Street Preachers
http://www.manics.co.uk

Mann, Manfred
http://www.manfredmann.co.uk

Marilyn Manson
http://www.marilyn-manson.net

Martin, Ricky
http://www.rickymartin.com

Massive Attack
http://www.massiveattack.co.uk

Massive Töne
http://www.massive-toene.de

Meinecke, Ulla
http://www.ulla-meinecke.com

Metallica
http://www.metallica.com

Mey, Reinhard
http://www.reinhard-mey.de

Mitchell, Joni
http://www.jonimitchell.com

Modern Talking
http://www.moderntalking.com

Morisette, Alanis
http://www.alanismorissette.com/home.html

Münchener Freiheit
http://www.muenchenerfreiheit.de

Naidoo, Xavier
http://www.3-p.de/kuenst/xavier

Nazareth
http://www.naz.net.com

Nena
http://www.nena.de

Nine inch nails
http://www.nin.com

No doubt
http://www.nodoubt.com

Numan, Gary
http://www.numan.co.uk

Oasis
http://www.oasisinet.com

Offspring
http://www.offspring.com

Öla palöma boys
http://www.la-paloma-boys.de

Oldfield, Mike
http://www.mikeoldfield.org

Orbison, Roy
http://www.orbison.com

Parton, Dolly
http://www.dollywood.com

Pearl Jam
http://pearl-jam.com

Pelham, Moses
http://www.3-p.de/moses_pelham

Pet Shop Boys
http://www.petshopboys.com

Petty, Tom
http://www.tompetty.com

Pink Floyd
http://www.pinkfloyd.com

Portishead
http://www.portishead.co.uk

Primus
http://www.primussucks.com

Prinzen
http://www.dieprinzen.de

Prodigy
http://www.prodigy.co.uk

Puhdys
http://www.puhdys.com

Pur
http://www.pur.de

Purple Schulz
http://www.purpleschulz.de

Queen
http://queen-fip.com

Radiohead
http://www.radiohead.co.uk

Rage against the machine
http://ratm.com

Rammstein
http://www.rammstein.de

Reiser, Rio
http://www.rioreiser.de

Roachford
http://www.roachford.com

Rodgers, Paul
http://www.paulrodgers.com

Rolling Stones
http://www.the-rolling-stones.com

Rolling Stones
http://www.stones.com

Rosenberg, Marianne
http://marianne.rosenberg.de

Rush, Jennifer
http://www.jennifer-rush.com

Santana
http://www.Santana.com

Sasha
http://www.wea.de/sasha

Savage Garden
http://www.savagegarden.com

Schneider, Helde
http://www.helge-online.de

Setlur, Sabrina
http://www.sabrina-setlur.de

Setzer, Brian
http://www.briansetzer.net

Simple Minds
http://www.simpleminds.com

Simply Red
http://www.simplyred.co.uk

Slayer
http://www.diabolus.net

Smashing Pumpkins
http://www.smashingpumpkins.com

Smith, Will
http://www.willsmith.net

Smudo
http://www.smudo.com

Soul Asylum
http://www.soulasylum.com

Springsteen, Bruce
http://www.brucespringsteen.net

Stevens, Cat
http://catstevens.com

Stewart, Dave
http://www.davestewart.com

Stone the crow
http://www.stone-the-crow.de

Such a surge
http://www.suchasurge.de

Suede
http://www.suede.net

Supergrass
http://www.supergrass.com

Tocotronic
http://www.tocotronic.de

Toten Hosen
http://www.dietotenhosen.de

Townshend, Pete
http://www.petetownshend.co.uk

Turner, Tina
http://www.tina-turner.com

UB40
http://www.ub40-dep.com

Ultravox
http://www.ultravox.org.uk

Uriah Heep
http://www.uriah-heep.com

Vangelis
http://www.vangelisworld.com

Väth, Sven
http://www.sven-vaeth.de

Veen, Herman van
http://www.hermanvanveen.de

Vega, Suzanne
http://www.vega.net

Velvet Underground
http://www.polygram.com/VU/velvets.html

Vivid
http://www.vividweb.de

Vollenweider, Andreas
http://www.vollenweider.net

Waits, Tom
http://www.officialtomwaits.com

Wakeman, Rick
http://www.rwcc.com

Waters, Roger
http://www.rogerwaters.net

Wecker, Konstantin
http://www.maywald.at/wecker.html

Westernhagen, Marius
http://www.westernhagen.de

Winwood, Steve
http://www.stevewinwood.com

Witt, Joachim
http://www.sonymusic.de/witt

Yello
http://www.yello.ch

Zappa, Frank
http://www.zappa.com

Zwingenberger, Axel
http://www.boogiewoogie.net

ZZ-TOP
http://zztop.com

12. CD-Händler online

101cd.com
http://www.101cd.com

121music
http://www.121music.com

2loud4u
http://www.2loud4u.de

3w-musik
http://www.3w-musik.de

a french cd
http://www.frenchcd.com

Allesklar CD Service
http://www.allesklarcd.de

Alphamusic
http://www.alphamusic.de

Amazon
http://www.amazon.de

Amuznet
http://www.amuznet.com

ARSIS Audio
http://www.arsisaudio.com

Arylis Music
http://www.arylis.com

Black Star Videos
http://www.blackstar.co.uk/circle/cookie_check

British Music Store
http://www.musicforsale.co.uk

CD Center
http://www.cd-center.de

CD Paradise
http://www.cdparadise.com/hme/hmepge.asp

CD Teleshop
http://www.cdteleshop.com

CD Universe
http://cdu2.cduniverse.com/asp/cdu_main.asp

CD World (USA)
http://cdworld.com

CD-Billig
http://www.cd-billig.de

CD-Mailorder
http://www.lustgarten.de/shop/musik/verkauf.htm

CD-r-ACT
http://www.cd-r-act.com

CD-Shop.de
http://www.cdshop.de/cdshop.html

CD-Shopping
http://www.cd-shopping.de

CD-Special
http://www.cd-special.de

CD-WOW
http://www.cd-wow.co.uk

CD24
http://www.cd24.de

CD4YOU
http://www.cd4you.de

CDdiscounters.com
http://cddiscounters.com

cdhaus
http://www.cdhaus.de

CDI.com Ltd
http://www.importcd.com/

CDMusicArcade
http://www.cdmusicarcade.com

CDNOW
http://www.cdnow.com

CDnow
http://www.cdnow.com

CDnow
http://www.cdnow.com/

CDshop
http://www.cdshop.com

CDWonder
http://www.cdwonder.de

CDworld.com
http://www.cdworld.com

CDZone
http://www.cdzone.co.uk

Cheap or What! CDs
http://www.cow.co.uk

Classical Moose
http://www.classicalmoose.com

Classik-Corner
http://www.musikfreunde.de

Club Caffeine
http://www.bevnbern.com

Columbia House
http://www.columbiahouse.com/

Combs Music
http://www.combsmusic.com

CyberCD
http://www.cybercd.de

DanceImports.com
http://danceimports.com

Digital Media Store
http://www.dmstore.de

DJ Music Shop
http://www.dance-all-day.com

DVD Laden
http://www.dvdladen.com

Dynamic Rec. Studio & Indie Label
http://www.dynrec.com

Ellesdesia Online Record Shop
http://www.ellesdesia.nl

EMP Mailorder
http://www.emp.de

Garando Records
http://www.garando.com

Globusplatten!
http://home.t-online.de/home/Globusplatten

Greg's Music World
http://www.musicworld.com.au

Hard To Find Records
http://www.htfr.co.uk

Hawaiian Music Island
http://www.mele.com

Jazz und Klassik CDs
http://www.ludwig-beck.de

jpc
http://www.jpc.de

Kamex - Kaufhaus im Netz
http://www.kamex.de

KlangRäume- CD- Shop
http://www.klangraeume.de

LOSTand FOUND.de
http://www.lostandfound.de

Mello Yello
http://www.melloyello.co.uk

Mikado Music & Laser Japan
http://www.mikadosf.com

Morninglory Online
http://www.bestusedcds.com

MTS City Sound
http://www.mts-city-sound.de

music attack
http://www.music-attack.de

Music from all around the world
http://212.21.41.60:815/default.html

Musicflash
http://www.musicflash.com

Musicflash
http://www.musicflash.de

Musicstore.ch
http://www.musicstore.ch

MusikBox
http://www.musik-online.com

Muzicdepot.com
http://www.muzicdepot.com/

mymusic.com
http://www.mymusic.com

Net Megastore
http://www.net-megastore.co.uk

Newbury Comics
http://www.newbury.com

Planet-CD
http://www.planet-cd.de

PosterNow
http://www.posternow.com

Pre-Order Store, The
http://www.a2z.com/preorder

Quantum
http://www.merseyworld.com/quantum

rap.de
http://www.rap.de

rec-order
http://www.rec-order.de

Recordplanet
http://www.recordplanet.de

Silver Disc Online CD-Katalog
http://www.silverdisc.ch

TappedInto Music
http://www.tappedinto.com

Technology Associates
http://www.techass.com/sbreeze/default.htm

Timothy Pure
http://www.mindspring.com/~isosrec/timpure.html

Top20 CD
http://www.top20cd.de

Tower Records
http://www.towerrecords.com

Trend-Records
http://www.trend-records.com

Tropical Disc Music Store
http://www.tropicaldisc.com

Vienna Audiophile Records & HiFi
http://www.audiophiles.at

Virgin
http://www.virgin.co.uk

Virtual Volume
http://www.virtual-volume.com

Web-Records
http://www.web-records.com

Web-Records
http://www.cdmail.de

www.audiostreet.com
http://www.audiostreet.infront.co.uk

Zephir Records
http://www.ecase.de

Zweitausendeins
http://www.zweitausendeins.de

INDEX

Wolfgang Seifert

Songware - Musik mit dem Computer

Von der Idee zum Song – dieser Weg ist mit der heutigen Computer-Software einfach wie nie zuvor. Für viele Musiker ist aber gerade der Computer die große Hemmschwelle bei der Musikproduktion. Mit „Songware" wird dieses Hindernis leicht und mit Spaß überwunden. Dieses Buch vermittelt in klarer und verständlicher Form alles, was man über die richtige Anwendung von Musik-Software wissen muß: das Grundwissen zur Studiotechnik, Know-How über Musik-Produktion, Profi-Tips für's Home-Recording und vieles mehr. Für alle Musiker, die sich für MIDI- und Harddisk-Recording interessieren, ist dieses Buch ein unentbehrlicher Begleiter.

DIN A4, 160 Seiten, mit CD-ROM!
ISBN: 3-8024-0205-7

DM 39,80
Euro 20,35

Voggenreiter

www.voggenreiter.de

Bursch/Keusgen

Home Recording

Jetzt mit Kapiteln zur aktuellen Digital-Technik und zum Harddisk-Recording. Alles über das Aufnehmen von Musik und das richtige Equipment, vom einfachen 4-Spur-Cassettenrecorder bis zum kompletten Heimstudio. Zusätzlich Informationen über MIDI, Mischpulte und Effektgeräte. Alle wichtigen Fachbegriffe werden erläutert.

DIN A4, 164 Seiten, mit CD!
ISBN: 3-8024-0261-8

DM 44,80
Euro 22,91